Warum erzeugt denn das Telefon ein starkes Gefühl der Verlassenheit? Warum glauben wir, wenn in einer öffentlichen Fernsprechzelle das Telefon läutet, den Hörer abnehmen zu müssen, obwohl wir wissen, daß der Anruf nicht uns gilt? Warum erzeugt ein läutendes Telefon auf der Bühne sofort Spannung? Warum ist diese Spannung viel geringer als bei einem unbeantworteten Anruf in einer Filmszene? Die Antwort auf alle diese Fragen ist einfach die, daß das Telefon eine zur Teilnahme auffordernde Form ist, die mit ganzer Kraft der elektrischen Polarität nach einem Partner verlangt.

Marshall McLuhan

FILM- UND MEDIENWISSENSCHAFT

Herausgegeben von Irmbert Schenk und Hans Jürgen Wulff

ISSN 1866-3397

4 *Florian Scheibe*
Die Filme von Jean Vigo
Sphären des Spiels und des Spielerischen
ISBN 978-3-89821-916-7

5 *Anna Praßler*
Narration im neueren Hollywoodfilm
Die Entwürfe des Körperlichen, Räumlichen und Zeitlichen in *Magnolia*, *21 Grams* und *Solaris*
ISBN 978-3-89821-943-3

6 *Evelyn Echle*
Danse Macabre im Kino
Die Figur des personifizierten Todes als filmische Allegorie
ISBN 978-3-89821-939-6

7 *Miriam Grossmann*
Soziale Figurationen und Selbstentwürfe
Schauspieler und Figureninszenierung in Eric Rohmers *Pauline am Strand*, *Vollmondnächte* und *Das grüne Leuchten*
ISBN 978-3-89821-944-0

8 *Peter Klimczak*
40 Jahre ‚Planet der Affen'
Zeitgeist- und Reihenkompatibilität – über Erfolg und Misserfolg von Adaptionen
ISBN 978-3-89821-977-8

9 *Ingo Lehmann*
Ziellose Bewegungen und mediale Selbstauflösung
Das absurde «Genrefilm-Theater» Monte Hellmans
ISBN 978-3-89821-917-4

10 *Gerd Naumann*
Der Filmkomponist Peter Thomas
Von Edgar Wallace und Jerry Cotton zur Raumpatrouille Orion
ISBN 978-3-8382-0003-3

11 *Anja-Magali Bitter*
Die Inszenierung des Realen
Entwicklung und Perzeption des neueren französischen Dokumentarfilms
ISBN 978-3-8382-0066-8

12 *Martin Hennig*
Warum die Welt Superman nicht braucht
Die Konzeption des Superhelden und ihre Funktion für den Gesellschaftsentwurf in US-amerikanischen Filmproduktionen
ISBN 978-3-8382-0046-0

Esther Lulaj

NIMM (NICHT) AB!

Zur Funktion des Telefons im Spielfilm

Von Metropolis bis Matrix

ibidem-Verlag
Stuttgart

Bibliografische Information der Deutschen Nationalbibliothek
Die Deutsche Nationalbibliothek verzeichnet diese Publikation in der Deutschen Nationalbibliografie; detaillierte bibliografische Daten sind im Internet über http://dnb.d-nb.de abrufbar.

Bibliographic information published by the Deutsche Nationalbibliothek
Die Deutsche Nationalbibliothek lists this publication in the Deutsche Nationalbibliografie; detailed bibliographic data are available in the Internet at http://dnb.d-nb.de.

∞

Gedruckt auf alterungsbeständigem, säurefreien Papier
Printed on acid-free paper

ISSN: 1866-3397

ISBN-10: 3-8382-0125-6
ISBN-13: 978-3-8382-0125-2

Printed in Germany

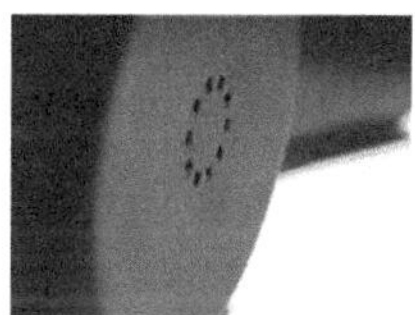

Inhalt:

Vorwort

Die Medien Telefon und Film könnten Zwillinge sein. In der zweiten Hälfte des 19. Jahrhunderts „geboren“, haben beide seit jeher die Menschheit in ihren Bann gezogen. Während die Bilder laufen lernten, gab das Telefon seine ersten Laute von sich und klingelt seitdem immer häufiger von den Leinwänden dieser Welt. In seiner rasanten Wandlung vom Fernsprecher zum digitalen Alleskönner hat es eine technische Metamorphose durchlebt sowie soziokulturelle Veränderungen evoziert. Es ist zum Identifikationsmittel moderner Gesellschaften geworden. Mittlerweile ist es aus Film und Fernsehen nur noch schwer wegzudenken. Filme wie *Dial M for Murder*, *Phone Booth* oder *Denise Calls Up* „signalisieren schon durch den Titel, daß das Telefon in der Geschichte eine wesentliche Rolle spielt“ (Bennat/Möller-Naß: 1991, 235). Aber auch in vielen anderen Filmen hatte das Telefon schon bedeutende Auftritte. Was also macht das Telefon so besonders und woran liegt es, dass es so gut zum Medium Film passt? Nun, in erster Linie stellt das Telefon Kommunikation her und ist in dieser Eigenschaft seinem medialen Bruder sehr ähnlich:

> Was nämlich das Telefon von anderen Alltagsgegenständen, Maschinen, Werkzeugen signifikant unterscheidet, ist seine *kommunikative Funktion.* Dies mag auch erklären, warum das Telefon so frühzeitig 'ins Kino ging', warum es dort so häufig vorkommt und inzwischen so präsent ist, daß uns seine Anwesenheit schon fast nicht mehr auffällt (Debatin/Wulff: 1991, 9).

Seine Affinität zum Film sorgt dafür, dass das Telefon nicht einmal vor dem Stummfilm Halt macht. Und das, obwohl man meinen möchte, die Medien Telefon und Stummfilm seien inkompatibel, die akustische Welt mit der *mutistischen* unvereinbar, das Klingeln, die gesprochene Botschaft – kurz: alles, was das Wesen des Telefons ausmache, wirke dem Stummfilm entgegen. Jedoch sind sich beide Medien näher, als man auf den ersten Blick vielleicht denken mag, denn beide isolieren die Stimme, trennen sie vom Körper. Allein die Umsetzung erfolgt jeweils unterschiedlich: So versucht der Stummfilm die körperlose Stimme zu visualisieren, während sie das Telefon hörbar macht. Für Michel Chion sind das Telefon (zusammen mit dem Radio) und der Stummfilm somit ergänzende Gegenstücke:

> Neither radio nor telephone, nor their complement, the silent cinema, is dualistic. Isolating the voice as they do, telephone and radio posit the voice as *representative* of the whole person. And a character in silent film, with her animated body and

> moving lips, appears as the part of the whole that is a speaking body, and leaves each viewer to imagine her voice (Chion: 1999, 125).

Während sich bei einem Telefonat der Anrufer oder Angerufene zur gehörten Stimme den Körper, das Äußere seines Gegenübers vorstellt, ihn sozusagen vor seinem geistigen Auge visualisiert, stellt sich der Zuschauer im Stummfilm zum repräsentierten Körper die Stimme des Schauspielers vor. Werden nun beide Medien miteinander vereint und ein Telefonat im Stummfilm etabliert, so wechselt die Perspektive. Das Telefonat wird in erster Linie für den Zuschauer gestaltet. Dieser kann zwar nicht hören, was sich die Telefonpartner auf der Leinwand zu sagen haben, er kann dies aber in den Dialogtiteln lesen. Die fehlenden Komponenten der Tonspur, also Dialog und Geräusche, werden durch das Visuelle kompensiert. Dadurch erlangt der Zuschauer statt eines Defizits sogar noch einen Vorteil: Er erhält Einblick in Gestik und Mimik der Telefonpartner, was bei einem realen Telefonat verloren ginge. So kann er die Stimmen der Protagonisten zwar nicht hören, an ihren Körperbewegungen kann er jedoch ablesen, was die Stimme eigentlich ausdrücken will. Auf diese Weise schließen sich die beiden Medien Telefon und Stummfilm nicht aus, sondern ergänzen sich gegenseitig.

So gesehen konnte das Telefon schon früh im Film eingesetzt werden, um zwischenmenschliche Kommunikation zu thematisieren, aber auch deren Störungen und Verletzungen. Sein Vorteil ist, dass ein eintreffendes Telefonat immer und überall Kommunikation auslösen sowie unterschiedlichste Sequenzen miteinander verbinden kann. Dadurch wird es für den Film zum multifunktionalen Medium und wahren Verwandlungskünstler. Es kann Mordkomplize und Friedensstifter sein, es übermittelt Lügen ebenso wie Geständnisse. Mit Hilfe des Telefons können Befehle vollstreckt und Macht kann ausgeübt werden. Schließlich hat sich die assoziative Verbindung der Begriffe Telefon und Macht nicht erst seit der Standleitung vom Kreml ins Weiße Haus in unseren Köpfen festgesetzt. Doch während der Sender Macht ausübt, kann der Empfänger in tiefe Ohnmacht gestürzt werden. Denn das Telefon hat stets zwei Seiten, wie die Telefonleitung auch zwei Enden hat. Diese inhärente Ambivalenz ist wahrscheinlich der Schlüssel, wieso das Telefon für den Film immer wieder zur dramaturgischen Inspiration wird. Im Akt des Telefonierens überwindet das Telefon Distanzen, bringt jedoch keine Nähe. „Die Telephonie läßt das Verschwinden verschwinden, sie entfernt (den schönen Doppelsinn des Wortes Ent-Fernung bewährend) die Entfernung" (Hörisch: 2001, 270). Und doch wird sie nie leibhaftige Nähe bewerkstelligen können. Ebenso wie sie Zweisamkeit verspricht und doch nur gemeinsame Einsamkeit halten kann. Dies hängt damit zusammen, dass das Telefon auch für den Telefonierenden eine ambivalente Situation konstituiert, denn „trotz leiblicher Anwesenheit ist er kommunikativ abwesend" (Wulff: 1991b, 62) und umgekehrt. Will heißen, dass sich zu dem Raum, in dem sich der Telefonierende körperlich befindet, und den er mit anderen Anwesenden teilt, ein zweiter, kommunikativer Raum eröffnet, in dem er sich mit seinem Telefonpartner zum Gedankenaustausch trifft. Hans Jürgen Wulff nennt letzteren den „telefonische[n] Kommunikationsraum" und ersteren den „leibliche[n] Wahrnehmungs- und Handlungsraum" (Wulff: 1991b, 63). Für diejenigen, die mit dem Telefonierenden den leiblichen Wahrnehmungsraum teilen, ist jener zwar körperlich anwesend, kommunikativ jedoch nicht. Der Gesprächspartner am anderen Ende der Leitung empfindet dies genau umgekehrt – es sei denn, beide Telefonpartner stünden sich telefonierend gegenüber. Das Auseinanderfallen der beiden Realitätsebenen während eines Telefonats spaltet auch im wissenschaftlichen Diskurs die Geister. Denn es „verleiht dem Gespräch übers Telefon [...] von Anfang an Geheimnis und Poesie (so spricht der Medienästhet), aber auch Fragwürdigkeit und Fragilität (so spricht der Medienpädagoge)" (Bräunlein: 2000, 144). In diesem Sinne können die ambivalenten Grundstrukturen, die sich im Telefonat etablieren, auch auf der Leinwand dementsprechend umgesetzt werden, um gewisse Reaktionen beim Zuschauer auszulösen. Dieser ist in seinem ganz eigenen Wahrnehmungsraum, wenn er einem Filmtelefonat beiwohnt. Im Grunde genommen wird ein Telefongespräch auf der Leinwand immer im Hinblick auf den Zuschauer vollzogen. Bernhard Debatin macht die Besonderheit deutlich, die Telefonkommunikation aufweist, wenn sie sich in einem anderen Medium konstituiert:

> Ob im Spielfilm, in den Fernsehnachrichten oder in der TV-Talkshow – immer ist hier neben dem Telefonpartner zugleich auch der Zuschauer angesprochen, wird ebenso auf die Realitätsebene der telefonisch Interagierenden bezug genommen, wie auf die des virtuellen oder aktuellen Publikums (Debatin: 1991a, 17).

Somit etabliert sich neben dem inszenierten Dialog zwischen den Telefonpartnern immer auch die Ebene des angesprochenen Zuschauers. Harald Burger beschreibt dieses medienspezifische Phänomen als das Zustandekommen von zwei „Kommunikationskreisen“: „Die Dialogteilnehmer sprechen nicht nur miteinander, sondern immer auch im Hinblick auf das zuhörende/zuschauende Publikum“ (Burger: 1984, 44). Dadurch entstehe ein „innere[r] Kreis des dialogischen Geschehens“ und ein „äußere[r] Kreis der Beziehung zwischen den Dialogteilnehmern und dem Publikum“ (Burger: 1984, 44). Erving Goffman spricht in diesem Zusammenhang vom „Rahmen“ des Publikums und dem der Fiktion auf Bühne oder Leinwand. Auch ein inszeniertes Gespräch weist seiner Meinung nach diese Rahmungen auf: Nach außen hin ist es als fiktiver Dialog eingerahmt, während es im Innern wiederum selbst „als ein rasch wechselnder Strom verschieden gerahmter Abschnitte [erscheint]“ (Goffman: 1977, 584). Sind die verschiedenen Rahmen der Narration für das Publikum klar abgesteckt, kann sich daraus eine Überschaubarkeit ergeben, die nicht selten in Überlegenheit und einem Wissensvorsprung mündet. Dieser Umstand wird häufig zur Beeinflussung des Spannungsbogens verwendet, indem der Zuschauer Bescheid weiß, lange bevor es die Protagonisten tun. Denn „aufgrund der Schnitttechnik kann er parallel montierten Sequenzen mehr Informationen entnehmen als der telefonierende Filmschauspieler“ (Wiegmann: 1990, 318). Dies kann mitunter sogar dazu führen, dass sich so etwas wie *Telefon-Suspense* entwickelt.

Goffmans Ausführungen über die gerahmten Abschnitte innerhalb eines Dialogs können auch auf den telefonischen Dialog (und insofern auch auf den telefonischen Dialog im Film) übertragen werden. Bewusst oder unbewusst folgt jeder Gesprächsteilnehmer nämlich gewissen Kommunikationsregeln und Konventionen, die auch im Telefondialog eingehalten werden. Konversations- und Telefongesprächsanalysen zeigen, dass diese Regeln meist nach dem gleichen Muster ablaufen und nach dem Klingeln und Abheben („summons“ und „answer“) folgende Abschnitte beinhalten:

> Der Übergang von der Eröffnung zum Gesprächsthema und von dort zum Abschluß folgt zumeist festen Ritualen, die allgemein die Form /Begrüßung/ /Identifikation/ /Vorbringen des Anliegens/ /eigentliches Gespräch/ /Gesprächsbeendigung/ /Danksagung/ /Verabschiedung/ aufweisen. Die jeweiligen Umschaltsequenzen zur nächsten Gesprächsstufe sind dabei in der Regel nach dem Muster von Zug und Gegenzug als doppelte Korrespondenzpaare (‚adjacency pairs‘) organisiert (Debatin: 1991b, 31).

Allerdings sind diese Regeln nicht allgemeingültig, sondern stark kulturabhängig. Aber selbst wenn sie von Kultur zu Kultur variieren, so können sie doch vor dem

Hintergrund des Wissens um diese Regeln bewusst gebrochen werden, um beispielsweise eine gestörte Kommunikation zwischen den Gesprächspartnern im Film darzustellen. Mit Aufkommen des Mobiltelefons zeigt sich, dass wohl zumindest eine Frage standardisiert und in den Regelkatalog aufgenommen werden wird, die in der analogen Telefonie bis dato nicht gebraucht wurde. Werden Identitätsbekundungen in Zeiten der Caller-ID überflüssig, ist die Frage nach dem Standort um so wichtiger geworden. „Wir sehen eben nicht, was der Andere macht – ja, seit der Verbreitung der Mobiltelefone wissen wir nicht einmal mehr, wo er ist“ (Münker: 2000, 193). Wie im Realen so löst das Mobiltelefon auch im Film seinen analogen Vorgänger mehr und mehr ab. Manchmal sind sie sich auch direkt gegenübergestellt, wodurch sich nicht selten Bedeutungsunterschiede und ikonografische Differenzen ergeben.

Bereits an dieser Stelle wird deutlich, dass das Telefon mehr ist, als es auf den ersten Blick scheint und mehr kann, als es auf den ersten Blick vermag. Mein Interesse gilt daher der Frage, wie das Telefon im Film eingesetzt wird und welche Funktion sein Auftritt erfüllt. Dabei lege ich mein Augenmerk besonders auf die ambivalenten Grundmuster des Telefon(ieren)s und deren Einfluss auf die Dramaturgie. Meine übergreifende Forschungsthese ist, dass das Telefon im Film deshalb so multifunktional einsetzbar ist, weil es a) immer und überall Kommunikation und damit Handlung auslösen und vorantreiben kann, und weil es sich b) aufgrund seiner ambivalenten Struktur optimal dazu eignet, die ambivalenten bis paradoxen Probleme zwischenmenschlicher Beziehungen sowie sonstige bipolare Sachverhalte zu thematisieren. In diesem Sinne sind meine Funktionskategorien auch doppeldeutig angelegt. Sie umfassen die Bereiche Macht/Ohnmacht, Nähe/Ferne, Einsamkeit/Zweisamkeit, Anonymität/Intimität und Realität/Fiktion. Die Übergänge sind dabei jedoch fließend – auch zwischen den einzelnen Kategorien, denn die Ambivalenz des Telefons lässt keine eindeutige Kategorisierung zu. So können in einem anonymen Telefonat auch stets Machtverhältnisse entstehen, während die Fiktionalität beim Telefonieren immer auch ein Wechselspiel von Anonymität und Intimität in sich birgt. In meine Analyse werden auch die technischen Veränderungen des Mediums und seine sozio-kulturellen Auswirkungen einfließen, aus denen wiederum neues Potenzial für die dramaturgische Umsetzung im Film gewonnen werden kann. Sowohl die kommunikativen, als auch die psychologischen, symbolischen, metaphorischen, ikonografischen, mythischen sowie kinematografischen Aspekte des Filmtelefonats werden dabei Beachtung finden.

Formal setzt sich die Studie aus zwei Teilen zusammen. Der erste, kürzere Teil widmet sich der Technikgenese und Kulturgeschichte des Telefons. Er bildet den historischen sowie kulturellen Hintergrund und dient als Auftakt für den Hauptteil. Dort liegt der Schwerpunkt auf der analytischen Annäherung an die Funktionen des Telefons im Spielfilm. Die funktionsrelevanten Telefonsequenzen sind mit einem Verweis auf den Timecode (TC) der Filme und gegebenenfalls auf die Einstellungsprotokolle (EP) im Anhang versehen. Der Korpus umfasst die Filme *A Perfect Murder*, *Denise Calls Up*, *Dial M for Murder*, *Lost Highway*, *Matrix*, *Metropolis*, *Paris, Texas*, *Pillow Talk*, *Phone Booth* und *Wall Street*. Die Filme als Analysegegenstand unterliegen einer rein subjektiven Auswahl. Die Werkanalyse entzieht sich daher einem allgemeingültigen Anspruch. Alle Filme wurden im Hinblick auf die besondere Funktion und Verwendung des Telefons ausgewählt. Diese Auswahl kann jedoch bei Weitem nicht für die anderen Vertreter dieser Gruppierungen stehen und schon gar nicht Anspruch auf Repräsentativität erheben. Diesbezüglich bietet die Sekundärliteratur unzählige weitere Filmbeispiele und darauf aufbauende Diskurse an. Die folgende Studie soll eher als Anregung für weitere Überlegungen zur Funktion des Telefons im Spielfilm dienen. Vor allem aber soll sie die Besonderheit des Telefons in Erinnerung rufen, die mit seiner zunehmenden Präsenz und Veralltäglichung auf den Leinwänden dieser Welt immer mehr in Vergessenheit geraten ist.

Teil 1

Technikgenese und Kulturgeschichte des Fernsprechers

Von der Wand in die Tasche – Die Metamorphose des Telefons

Die Suche nach dem Telefon war ein internationaler Wettbewerb. Philipp Reis in Deutschland, Charles Bourseul in Frankreich, Alexander Graham Bell und Elisha Gray in den U.S.A. hatten sich alle mit der Idee beschäftigt, eine Maschine zu erfinden, mit der man in die Ferne hören und sprechen konnte. Während sich Bourseul in seinem Schaffen mehr auf das Sprechen konzentriert, beschäftigt sich Reis damit, einen Hörapparat zu konstruieren. Das Rennen macht jedoch ein anderer mit einem Modell, das beides kombiniert: Am 14. Februar 1876 meldet Alexander Graham Bell das Telefon zum Missfallen seiner Mitstreiter als Patent an. Im Aufbau besteht sein Gerät aus einer dünnen Eisenmembran, einem Stabmagneten und einer Induktionsspule. Über eine Leitung wird es mit einem anderen Apparat verbunden. Spricht man nun in die Schallöffnung des einen hinein, so gerät dessen Membran durch die ankommenden Schallwellen in Schwingung, wodurch in der Drahtspule Induktionsströme erzeugt werden, die die Schallwellen in elektrische Signale verwandeln. Diese werden durch die Drahtverbindung zum anderen Apparat geleitet, wo eine erneute Umwandlung geschieht: Die elektrischen Ströme versetzen die Membran hinter dem Magneten in äquivalente Schwingung, wodurch die gleichen Laute entstehen, die zuvor ausgesendet wurden. [Vgl. Baumann: 2000, 11 / Beyrer: 2000, 65 ff. / Zelger: 1997, 17f.]

Die Neuigkeit über die Wundermaschine verbreitet sich in kürzester Zeit über den ganzen Globus. Bereits ein Jahr später erreichen die Bellschen Apparate Deutschland, als der Berliner Generalpostmeister Heinrich von Stephan vom Chef des Londoner Telegrafenamtes ein paar zur Ansicht erhält. Von Stephan ist angetan von dem neuen Medium und ordert die Installation einer ersten Leitung an, die das Generalpostamt mit dem Generaltelegrafenamt verbinden soll. Fortan produziert die Firma Siemens & Halske die ersten deutschen Fernsprecher. Dies sind relativ große Apparate, die vorwiegend an der Wand hängen. Die Idee eines Fernsprechnetzes liegt damals noch in weiter Ferne. Während sich das Ortsnetz in den amerikanischen

Großstädten rasend schnell ausbreitet, existiert in Deutschland diesbezüglich noch keine Nachfrage. 1881 zählt die erste Fernvermittlungsstelle in Berlin gerade einmal acht Teilnehmer. Das erste Fernsprechverzeichnis wird scherzhaft „das Buch der 94 Narren" genannt. In ihm sind vor allem Banken, Behörden, Fabriken, Geschäfte und die Börse verzeichnet. [Vgl. Baumann: 2000, 11ff. / Zelger: 1997, 20f.]

Der *Fern*sprecher macht im Anfang seiner Karriere auch nur *Nah*erfahrungen, denn Telefonate werden ausschließlich in die nächste Nähe geführt. Diese sind dann keine Telefongespräche im wechselseitigen Zug-Gegenzug-Verfahren, wie sie heutzutage üblich sind, sondern gekennzeichnet durch einen einseitigen, militärisch knappen Telegrammstil. Im Grunde genommen ist das damalige Telefon ein „einseitiges Nachrichtenmittel" (Zelger: 1997, 20), von dem aus ein Sender eine Botschaft an einen Empfänger richtet. Diese Botschaften sind dann meist Befehle „von oben", denn zu den ersten Telefonbesitzern zählen „Geschäftsleute, Rechtsanwälte, Ärzte" (Zelger: 1997, 54). Da Telefonieren in den ersten Jahrzehnten eine kostspielige Angelegenheit ist, die sich nur sehr Wenige leisten können, wird es schon damals schnell zum Statussymbol. So signalisiert die Oberschicht ihre besondere Stellung mit speziellen „Schmuck- und Sonderapparaten" (Zelger: 1997, 21), von denen aus dann das Personal geordert wird. Bei den Angestellten hängt das Telefon meist an einem Ort, zu dem alle Bediensteten Zugang haben und stets erreichbar sind. Oft ist dieser Ort der Flur, Gang oder ein Vorzimmer. Ab sofort können die Herrschaften das Dienstpersonal nicht nur herläuten, wie es zuvor bereits mit Glöckchen und Klingeln geschah, sondern ihm im gleichen Atemzug genaue Befehle und Instruktionen übermitteln. [Vgl. Baumann: 2000, 15f. / Zelger: 1997, 20f. und 54]

Die Einseitigkeit der Telefonnutzung verhilft dem „Einwegmedium" (Baumann: 2000, 15) schließlich auch zu seinem ersten Schritt in den Freizeit- und Kulturbereich, indem es Opernaufführungen entlegener Festspielhäuser exklusiv in Hörkabinette und ähnliche kulturelle Einrichtungen überträgt. Dort können Opernliebhaber gegen Bezahlung in den Genuss einer fernmündlich übertragenen Darbietung kommen. Die neue Erfindung beginnt also „funktional gesehen [...] ihre Laufbahn als Radio" (Zelger: 1997, 17). Mit seiner Verbreitung werden schließlich auch die Menschen sprechwilliger und es kommt zur Ausweitung des Telefonnetzes. Der Aufbau der Telefonverbindung geschieht nun handvermittelt über einen Kurbelinduktor – dem frühen Vorgänger der Wählscheibe. Mittlerweile sind die neuen Geräte kleiner als die großen Wandapparate und können auch aufgestellt werden. Währenddessen vereint das Französische Telefon Mikrofon und Hörer in einem Griff und sorgt für eine entspannte Telefonatmosphäre. Die Verbindung von Anrufer zum Angerufenen erfolgt derweil über Vermittlungsbeamte, die den telefonischen Kontakt an Klappenschränken und mit Hilfe von Verbindungsstöpseln manuell herstellen. Einst ein reiner Männerberuf, erobern nun immer mehr Frauen diese Domäne. Es heißt, die höheren Frequenzen der Frauenstimmen seien bei schlechter Leitungsqualität besser zu verstehen als die der Männer. So löst das Fräulein vom Amt allmählich den Telegrafensekretär ab. Ihre Vermittlungstätigkeit lässt sich in acht Schritten zusammenfassen:

> Nach dem Anruf des Teilnehmers bei der Zentrale fällt die entsprechende Klappe am Schrank, die Beamtin meldet sich, fragt nach dem gewünschten Teilnehmer, macht bei diesem die ‚Besetztkontrolle', verbindet dann die Anschlüsse, ruft den gewünschten Adressaten, das Gespräch erfolgt und wird nach dem Schlussruf des Anrufenden wieder getrennt (Baumann: 2000, 26).

Anonymität ist zu dieser Zeit des Telefonierens noch ein Fremdwort, schließlich weiß die Vermittlungsbeamtin immer genau wer wen wann und wie oft anruft. Außerdem wird jedes Telefonat im Vermittlungsamt registriert und birgt dabei jedes Mal die Gefahr, von einer fremden Person mitgehört zu werden. Die Angst der Bevölkerung vor heimlichen Lauschangriffen mündet nicht selten in hässlichen Verbalattacken gegen die Damen vom Amt. Schließlich setzt sich 1908 die erste automatische Vermittlungseinrichtung in Deutschland durch, die den Anrufer direkt zum gewünschten Gesprächspartner durchstellt und das Fräulein vom Amt langsam aber sicher obsolet werden lässt. Ab sofort sind die Telefone mit Nummernschaltern ausgestattet, die später zu Wählscheiben werden. [Vgl. Baumann: 2000, 15f. und 26f. / Holtgrewe: 1989, 113-24 / Zelger: 1997, 17f.]

Während des Ersten Weltkrieges entdeckt das Militär das Telefon für sich – an der Front findet man schnell Gefallen an dem technischen Eilboten. Mit seiner Hilfe sollen Soldaten ab sofort Erkundungen über den Feind weiterleiten, was indirekt auch die Verbreitung des Telefons steigert, denn an der Front werden auch Männer mit dem Telefon vertraut, die zuvor *keinen Draht* zu ihm hatten. Dies hebt die Verkaufszahlen nach dem Krieg noch einmal kräftig an und das Telefon hält Einzug ins Kleinbürgertum. In der Weimarer Republik wird der Fernsprecher zum Massenmedium – Telefonieren ist nun Alltag. Dabei kommen alle bisherigen Techniken gemeinsam zum Einsatz: Kurbelmaschinen, Apparate mit Verbindung zum Amt und

Apparate mit Wählscheibe, bei denen der Anrufer direkt zu seinem Gesprächspartner durchgestellt wird. Zusätzlich steigert sich auch die Verbreitung von Telefonzellen, die nun die öffentlichen Plätze zieren. Der Ansturm auf die Münzfernsprecher ist groß, so lautet das Credo der 20er-Jahre: „Fasse dich kurz, nimm Rücksicht auf Wartende!“ (Baumann: 2000, 17). [Vgl. Baumann: 2000, 17f. und 27f. / Thomas: 1989, 91-94]

Mittlerweile vermag das Telefon Verbindungen zum europäischen Ausland herzustellen und wird nunmehr in allen erdenklichen Bereichen, wie der Wirtschaft und Verwaltung, aber auch zur Freundschafts- und Verwandtschaftspflege genutzt. Und: es findet erneut Einzug in die Unterhaltungsindustrie. So bieten in den 20er-Jahren diverse Tanzlokale Tischtelefone an, die als Kuppelinstrumente flirtwilligen Paaren bei der ersten Kontaktaufnahme behilflich sind. Eine Annäherung der Telefonpartner ist durch die technische Zwischenschaltung deshalb so problemlos, weil das Telefon stets die Privatsphäre des anderen wahrt und auf Diskretion bedacht ist. Selbst eine Abfuhr erscheint auf ihrem Weg durch das Telefonkabel am anderen Ende in erträglich abgeschwächter Form. Telefonische Unterhaltung der ganz anderen Art findet sich auch in Telefonstreichen wieder, die nun vermehrt in den Leitungen grassieren. Diese reichen von vorgetäuschten Adressaten, wie der „Entbindungsstation Schwester Erna“ oder der „Katholischen Badeanstalt Müller“ (Baumann: 2000, 32) bis hin zu Täuschungen, die aus der Unkenntnis der Menschen bezüglich der technischen Möglichkeiten des Telefons komödiantisches Kapital schlagen. So kommt es schon früh zu dem Vorfall, dass ahnungslose Menschen ihre Telefone vorsorglich präparierten, weil ein angeblicher Mitarbeiter einer Telefongesellschaft angekündigt hatte, die Leitungen würden im Zuge einer groß angelegten Reinigungsaktion durchgepustet werden. Das Fehlen der visuellen Komponente und die Stimme als einzige Referenz machen das Telefon nicht nur in diesem Bereich zu einem unsicheren Medium, dem man relativ viel Vertrauen entgegenbringen muss. Auch in der Arbeitswelt erkennt man schnell das Problem, das die Flüchtigkeit des gesprochenen Wortes mit sich bringt. Während ein Brief die Worte manifestiert und stets auf das Geschriebene und seinen Urheber verweist, vermag das Telefon das Gespräch nicht zu fixieren. Um dem entgegenzuwirken, finden sich neben öffentlichen Telefonapparaten nun vermehrt Schreibtafeln oder Fernsprechpulte, die es ermöglichen, das Gehörte in kurzen Notizen festzuhalten, das Mündliche sozusagen nachhaltig zu verschriftlichen. [Vgl. Baumann: 2000, 27-33 / Stöber: 2003, 203]

Der größte Triumph des Telefons ist jedoch die Gleichzeitigkeit der Kommunikation, die es herstellt – mit zusätzlicher Distanzüberwindung. So ist es schon bald als clevere Organisationsmaschine aus der Büro- und Geschäftswelt nicht mehr wegzudenken. „Aus den Anzeigeblättern und Angebotsheften wird ersichtlich, dass jetzt ständige Erreichbarkeit zur Bedingung geschäftlichen Erfolgs gehört" (Baumann: 2000, 34). Weil Begriffe wie Zeit und Geld immer logischer mit dem Telefon verbunden werden, scheint es auch nicht verwunderlich, dass nun telefonische Zeitansagen und Gebührenzähler aufkommen. Schließlich geht das Telefon sogar zum ersten Mal auf Geschäftsreise. Da der Telefon- und Schienenverkehr derselben infrastrukturellen Idee des Netzes entstammen, müssen sie fortan nicht mehr *zweigleisig* fahren: Spezielle Abteile der ersten Klasse bieten den Service der Zugtelefonie an, in denen von und zum fahrenden Zug Telefonate und Telegramme ausgeführt werden können. Schon damals wird dies über Funkverbindungen bewerkstelligt, die man als Vorreiter des heutigen Mobilfunknetzes bezeichnen kann. Auch im privaten Bereich findet das Telefon nun reißenden Absatz, doch ist der Grund, der dahinter steckt, ein denkbar anderer: Für Notfälle jedweder Art wird das Telefon als rettender Draht beworben, der in der heimischen Hausapotheke nicht mehr fehlen darf. [Vgl. Baumann: 2000, 14f. und 34 / Gold: 2000, 77-79]

Im Nationalsozialismus wird der Volkssprecher schließlich von der Deutschen Reichspost verbreitet und beworben. Schnell wird es jedoch zum Kontroll- und Überwachungsinstrument umfunktioniert. Da es als Massenmedium nun mehr Menschen erreichen kann als im Krieg davor, dient es vor allem auch der Verbreitung von nationalsozialistischer Propaganda. Systematisch wird das Telefon nun den nationalsozialistischen Plänen unterworfen:

> Im Februar 1933 werden die Grundrechte und damit das Fernsprechgeheimnis außer Kraft gesetzt. Am 19. Juli wird die Durchführung der Kontrolle des Telefonverkehrs der Gestapo übertragen. Zu den gezielt gegen jüdische Menschen gerichteten Verordnungen, Erlassen und Gesetzen gehört deren Ausschluss als Fernsprechteilnehmer (Baumann: 2000, 36).

Während des Kriegs kommt es nicht nur zum Rückgang der Telefonkommunikation, die Privathaushalte werden schließlich sogar ganz ausgeschlossen. Telefonieren dient nunmehr alleine der strategischen Kriegsführung, Organisation und Verwaltung. Auch nach dem Krieg stehen die Telefone still – die Besatzungsmächte stellen den

Telefondienst vorerst ein. Ab sofort müssen Telefone angemeldet werden, sofern sie nicht der öffentlichen Verwaltung angehören. Im Kalten Krieg erlebt das Telefon dann einen erneuten Missbrauch als Überwachungs- und Spionageinstrument. Mit dem Ministerium für Staatssicherheit schafft die DDR einen Geheimdienst, der Oppositionelle und Regimekritiker aufspüren soll. Die Überwachung erfolgt nicht selten über die Abhörung von Telefongesprächen. So befasst sich eine ganze Abteilung des Ministeriums für Staatssicherheit – Abteilung 26 – mit der „Telefonüberwachung von Teilnehmern des Fernsprechverkehrs der Deutschen Post und anderer drahtgebundener Nachrichtensysteme“[1]. [Vgl. Baumann: 2000, 34-36 / Schwender: 2000, 93-103]

In Westdeutschland werden schließlich im Zuge der Währungsreform die Wirtschaftswunderjahre eingeläutet. Diese Zeit ist geprägt von Wohlstand und ausschweifendem Konsum, doch vorerst leisten sich nur Besserverdiener ein privates Telefon, weil für viele Menschen nun erst einmal andere Dinge wie Genussmittel, Kleidung, Gesundheit und Bildung wichtiger sind. 1955 werden außerdem Fernkabel verlegt, die endlich auch das Telefonieren ins Ausland ermöglichen. Im Inland sorgen derweil Ortskennzahlen für mehr Übersicht und Einheitlichkeit. Im darauffolgenden Jahr entstehen erste Einrichtungen zur telefonischen Seelsorge – eine Dienstleistung, die sich das Fehlen der visuellen Wahrnehmung zur Schaffung einer anonymen Basis zu Nutze macht. Generell wird das Telefon im wirtschaftlichen Aufschwung nun zum untrennbaren Begleiter und Bereiter von beruflichem Erfolg. Wer zum erlesenen Kreis derer gehört, die angerufen werden, signalisiert damit, dass er gefragt ist. „Wer telefoniert ist modern, wer dies von seinem elfenbeinfarbenen Apparat aus tut, ist elegant und modern und wer dabei noch raucht, ist ultramodern“ (Baumann: 2000, 42). Auch die Werbeindustrie entdeckt das Telefon als Imageträger und Promoter für unzählige Produkte. Anzeigen, Werbetafeln und selbst Autogrammkarten der frühen Hollywoodstars zeigen allesamt den telefonierenden Menschen als erlesene Person. [Vgl. Baumann: 2000, 40ff.]

Im Berufsleben wird es nun immer wichtiger, erreichbar zu sein und den direkten Draht zu anderen bedeutenden Personen zu haben. Kontakte und Telefonnummern werden zum wertvollen Gut. Die permanente Erreichbarkeit kann jedoch immer beides bedeuten: „Lust und Last“ (Zelger: 1997, 96ff.). Denn wer sich in eine

[1] (http://www.bstu.bund.de/cln_028/nn_713802/DE/MfS-DDR-Geschichte/Grundwissen/Struktur-und-Aufgaben-des-MfS/aufgaben_abteilung_26.html_nnn=true. Zugriff am 18. Mai 2009.)

permanente Erreichbarkeit begibt, macht sich gleichzeitig auch abhängig von ihr. Erreichbar sein zu wollen, führt dann zu einem Müssen. Und: „Andere [...] zu jeder Zeit erreichen zu können, wird hoch positiv bewertet; zu jeder Zeit von jedem anderen erreicht werden zu können dagegen ambivalent bis negativ" (Zerdick: 1990, 15). In den weltweiten Chefetagen sind nun Sekretärinnen vermehrt gefragt, die die Erreichbarkeit organisieren, einkommende Anrufe filtern, nach Wichtigkeit selektieren und den Vorgesetzten systematisch abschirmen. Das *kleine Schwarze* auf dem Schreibtisch des Chefs gehört mittlerweile zum Inventar einer jeden Befehlszentrale. Die heimischen Hausflure erobert dagegen Anfang der 60er-Jahre „die graue Maus" (Baumann: 2000, 44) – eine leichtere Variante in unscheinbarem Anthrazit. Doch auch sie wird bald in neuem Glanz erstrahlen – Brokathauben mit verschnörkelten Mustern und Bordüren verleihen ihr neuen Schick und machen sie bisweilen zum bunten Paradiesvogel. Später ist das *611er* auch in grün, orange und ocker erhältlich. [Vgl. Baumann: 2000, 44f. / Gold: 2000, 86f. / Zelger: 1997, 96 ff.]

In den 60ern werden nun auch erstmals Kommunikationssatelliten ins Weltall geschickt, die den terrestrischen Fernsprechverkehr und die Telekommunikation im geostationären Orbit regeln. Auf der Erde hingegen erregt eine neu eingeführte Gebührenerhöhung die Gemüter der Menschen. Der kostspielige Ausbau der Netze und die ständige Überholung der Technik veranlassen die Deutsche Post dazu, die Gebühren um bis zu 50 Prozent zu erhöhen. Öffentliche Empörung, Beschwerdebriefe und Teilnehmerstreiks sind die Folge [vgl. Baumann: 2000, 44f.]. Mitte der 60er ist dann endlich auch die Sekretärin für zu Hause erhältlich – der Anrufbeantworter kommt auf den Markt, der der telefonischen Kommunikation wieder ein Stück Schriftlichkeit und Linearität zurückgibt, wie es beim Briefwechsel der Fall ist:

> Der Verkehr mittels des *Anrufbeantworters* ist gegenüber dem normalen Telefonat dahingehend anders, als man es hier mit einer *nichtdialogischen* Form zu tun hat, die zwar mündlich ist, die aber im Grunde eher dem Brief ähnelt – mit der zeitlichen Spanne zwischen Rede und Gegenrede, der Unmöglichkeit, dem Sprecher unmittelbares Feedback zu geben etc. (Wulff: 1991a, 147).

Des Weiteren entscheidet nun der Angerufene über den Zeitpunkt des An- bzw. Rückrufs. Er wird somit selbst zum Initiator der Kommunikation. Und: der Anrufbeantworter nimmt den Menschen die Last von den Schultern, ständig erreichbar sein zu müssen. Abwesenheit signalisiert nun den Luxus, dass man sich einen Stellvertreter leisten kann, der die Anrufe entgegennimmt. Für den Anrufer ist das Telefonieren mit der Maschine allerdings weniger erbaulich. Schließlich teilt sie ihm erst ganz unverblümt mit, dass sein Anliegen warten muss, um ihn danach aufzufordern, es möglichst knapp vorzutragen. Utz Jeggle und Jutta Gutwinski-Jeggle vergleichen das Sprechen auf Band mit einer „Audienz“: „Wie ein Hund hat man dann zu bellen, wenn die Maschine es erlaubt“ (Gutwinski-Jeggle/Jeggle: 1990, 26). Passenderweise geschieht dies dann meist auch noch nach einem Pfeifton.

In den frühen 70ern erlebt das Telefon seine Höchstphase, das westdeutsche Netz ist größtenteils ausgebaut und jeder Haushalt besitzt einen Anschluss. Wer ein Telefon hat, kann sich damit alleine nun nicht mehr wichtig machen. Für Besserverdiener gibt es trotzdem eine Lösung, die auf den Ausbau des flächendeckenden Mobilfunknetzes – das A-Netz – zurückzuführen ist: Autotelefone versprechen nun die mobile Freiheit und gelten fortan als Merkmal von Überlegenheit. Die Freiheit ist jedoch nur sehr eingeschränkt genießbar. Zum einen kann der Benutzer nur anrufen, selbst jedoch nicht angerufen werden. Außerdem muss die Verbindung noch manuell von einer Funkstation zur nächsten vermittelt werden, was meist nur mit erheblichen Störungen und Wartezeiten vonstatten geht und den Benutzer häufig dazu zwingt, anzuhalten. So ist das Telefon zu dieser Zeit auch nur dann wahrhaft mobil, wenn es im Auto herumkutschiert wird. Außerdem sind die neuen Prestigeobjekte nicht nur ungeheuer groß und schwer, sondern haben einen stolzen Preis, den sich nur sehr Wenige leisten können. Die ersten Autotelefone kosten umgerechnet „etwa 10.000 Euro. Ein Vermögen in den siebziger Jahren“ (Reischl/Sundt: 1999, 41). Clevere Geschäftsleute erkennen dieses Problem und produzieren fortan Telefonattrappen, die schon bald auf den Markt kommen. Die Schein-Apparate sind als Telefone zwar völlig unbrauchbar, doch erfüllen sie für ihren Besitzer eine wesentliche Funktion: Sie geben ihm und vor allem den anderen das Gefühl, er sei wer. [Vgl. Baumann: 2000, 47ff. / Gold: 2000, 70f. / Reischl/Sundt: 1999, 41f.]

Nach dem Telefonboom der frühen 70er stagniert nun plötzlich die Nachfrage. Zum ersten Mal geht die Post in die Werbeoffensive. Kleinere, modernere Komfort- und Kompakttelefone in vielen verschiedenen Farben und mit Sonderfunktionen wie Kurzwahltasten oder Rufnummernspeicherung sollen die Kauflust wiedererwecken. Dazu sind nun auch Telefone mit Tastwahlblöcken erhältlich. Währenddessen werden die Mobiltelefone leichter und schrumpfen auf Koffergröße zusammen, das B-Netz löst das A-Netz ab. Anfang der 80er-Jahre werden im Auftrag der Post zielgruppenorientierte Kampagnen gestartet und neue Modelle kommen auf den Markt. Vom rustikalen Holztelefon bis hin zur schrillen Mickey-Mouse ist nun für jeden etwas dabei. Passend dazu soll der Slogan *ruf doch mal an!* wieder Lust aufs Telefonieren machen. Fortan sind für die Münzfernsprecher auch Telefonkarten erhältlich, die bargeldloses Telefonieren ermöglichen. Des Weiteren kommen die ersten Schnurlostelefone auf den Markt, die sich einer allgemeinen Beliebtheit erfreuen, weil sie den Teilnehmer nun endlich *von der Leine lassen.* Im Aufbau bestehen sie aus einer Basisstation, die weiterhin verkabelt ist und einem Handapparat, den man frei herumtragen kann. Die Bewegungsfreiheit hängt allerdings stark von der Reichweite der Funktechnik ab, die Basis und Handapparat miteinander verbindet. Nichtsdestotrotz gibt das kabellose Telefon dem Telefonierenden die Freiheit, sich zurückzuziehen und ungestört zu telefonieren, ohne dabei die Telefonschnur in entlegene Räume spannen zu müssen. [Vgl. Baumann, 53f.]

Die neue Freiheit scheint um sich zu greifen: Mitte der 80er entstehen vermehrt Telefonsex-Hotlines, bei denen der Anrufer gegen Bezahlung zum erotischen Telefonat eingeladen wird, oder als akustischer Voyeur einem sexuellen Abenteuer beiwohnen kann. Die Telefonsexindustrie macht sich dabei die anonymisierende und fiktionalisierende Eigenschaft des Telefons zu Nutze. Schließlich induziert das Telefon seit jeher Illusionen, da die Gesprächspartner aufgrund von mangelnder Überprüfbarkeit nie wirklich wissen können, was am anderen Ende der Leitung vor sich geht. Für den Telefonsex spielt dies jedoch keine Rolle – im Gegenteil: Indem die visuelle Wahrnehmung beim Telefonieren fehlt, sind auch der hemmungslosen Fantasie keine Grenzen mehr gesetzt. „Kein Wunder, dass sich am anderen Ende der Leitung angeblich ausnahmslos Traumpartner und -partnerinnen befinden" (Apraku: 2000, 174). Der Anrufer wird meist erst dann wieder auf den Boden der Tatsachen zurückgeholt, wenn er seine Telefonrechnung erhält. Zudem berichten die Medien nun vermehrt über dreiste Anbieterinnen, die während des Sextalks bügeln, kochen oder Staub wischen. Trotz allem kann sich diese neue Art von Dienstleitung am Markt behaupten. [Vgl. Apraku: 2000, 173-181]

1989 wird das Telefonnetz mit der Einführung von ISDN (Integrated Services Digital Network) digital, wodurch auch die bis dato verteilten Telefon-, Fax- und Fernschreibdienste in einem Netz zusammengeführt werden. Mit dem neuen Digitalnetz soll eine bessere Auslastung der Leitungen und mehr Komfort für die Teilnehmer erreicht werden. Auch das Telefon bietet mittlerweile viele Zusatzfunktionen für die individuelle Nutzung an und vereinfacht, beschleunigt und verschönert die alltägliche Telefonie mit Notruf- und Kurzwahltasten, integrierten Telefonbüchern und Anrufbeantwortern, Anklopf- und Ruferkennungsfunktionen, Lautsprechern, Konferenzschaltungen, bis hin zu individuellen Klingeltönen. Ende der 80er „ist die Sättigung der bundesdeutschen Haushalte erreicht. 97 % haben Telefon" (Baumann: 2000, 54). Danach macht das Poststrukturgesetz den Weg frei für den Mobilfunk. Während das Netz und Sprachdienstmonopol weiterhin der Deutschen Bundespost Telekom untersteht, werden der Mobilfunk und der Endgerätemarkt liberalisiert. Mitte der 90er werden die abgespaltenen Bundesunternehmen Post, Postbank und Telekom in Aktiengesellschaften umgewandelt. Mit dem neuen C-Netz erreicht nun auch das Mobiltelefonieren allgemeine Popularität und die Geräte werden aufgrund ihres geringeren Gewichtes erstmals tragbar. Die Firma Motorola geht mit dem *International 3200* als einem der ersten Mobiltelefone, bei dem die gesamte für das Telefonieren notwendige Technik in einem Handapparat integriert ist, an den Markt. Heute werden diese Modelle ihrer Größe und Form wegen oft scherzhaft als *Knochenhandys* bezeichnet. Auch Bildtelefone kommen zu dieser Zeit auf den Markt, können sich jedoch nicht wirklich lange halten. Vielleicht, weil sie dem Telefon durch die Übertragung des Visuellen den eigentlichen Reiz des Mediums nehmen, schließlich ist es doch gerade das Fehlen dieser Komponente, welches das wahre Telefonieren ausmacht. Und letztendlich verträgt wohl noch immer vieles, was man einander sagen möchte, nicht unbedingt auch den Anblick des Gegenübers. So verschwindet das *sehende Telefon* nach kurzer Zeit auch schon wieder von der Bildfläche. Die Nachfrage nach dem mobilen Pendant steigt innerhalb Deutschlands stattdessen rapide an, was nicht zuletzt auch mit dem Mauerfall zusammenhängt. In den neuen Bundesländern soll nun „der Mobilfunk die ungenügende Infrastruktur der ehemaligen DDR" kompensieren (Gold: 2000, 82). [Vgl. Baumann: 2000, 54f. / Gold: 2000, 82f.]

Eine digitale Revolution wird Mitte der 90er mit Einführung der D- und E-Netze eingeläutet. Die Geräte werden damit nicht nur kleiner, was mit der steigenden Frequenz der neuen Netze zusammenhängt, sondern sind mittlerweile weltweit im Einsatz. Technischer Fortschritt und massenhafte Vermarktung lassen monatlich immer neuere, immer kleinere, immer *bessere* Geräte entstehen. „Das Mobiltelefon trägt seine neudeutsche Bezeichnung ›Handy‹ zu Recht; denn es wiegt nur noch Bruchteile dessen, was noch seine Vorgängergenerationen auf die Waage brachten" (Wessel: 2000, 32). Während sich die analoge Telefonie nur langsam entwickelte, macht das

Mobiltelefon von heute auf morgen eine blitzschnelle Wandlung durch. In kürzester Zeit werden die D1 und D2 Netze eingeführt, die bis zur Jahrtausendwende alle Prognosen bei Weitem übertreffen: „Im Juni 2000 zählen allein die Betreiber von D1 und D2 zusammen rund 25 Millionen Kunden, dazu kommen etwa vier Millionen bei E-Plus und eine Million bei E2" (Gold. 2000, 85) – vorhergesagt wurden gerade einmal zehn Millionen. Das Handy krempelt sogar die Telefongewohnheiten, -rituale und -bedingungen eines ganzen Jahrhunderts innerhalb kürzester Zeit um und schafft eine völlig neue Form des Telefonierens. „Zeitgemäße Kommunikation zeichnet sich nun durch die Beweglichkeit und Erreichbarkeit *aller* Gesprächsteilnehmer aus. Mobiltelefone erlösen die Wartenden vom Ort" (Bannasch: 2000, 84). Daher richtet sich die häufigste Frage in Handygesprächen auch immer nach den momentanen Aufenthaltsorten der Teilnehmer. Im Vergleich zu den Münzfernsprechern, die ab jetzt schleichend aus den Straßen entfernt werden, bekommt das öffentliche Telefonieren insgesamt einen ganz neuen Sinn:

> Hieß es bislang immer, abgeschirmt in einer Telefonzelle einen öffentlichen Anschluss für ein privates Gespräch zu nutzen, so ist heute in der Regel das Gerät Privatbesitz, das Gespräch findet aber häufig in der Öffentlichkeit vor vielen Zuhörern statt (Gold: 2000, 87).

Dies kann bisweilen amüsant, meist jedoch sehr störend sein, da das menschliche Ohr einfach nicht weghören kann und den Mithörer zum unfreiwilligen Zuhörer macht. Der Handynutzung und Verbreitung tut dies jedoch keinen Abbruch. [Vgl. Bannasch: 2000, 83f. / Gold: 2000, 87 f. / Wessel: 2000, 32f.]

Nach der Jahrtausendwende lernen die Handys immer mehr dazu. Bald gibt es sie in allen erdenklichen Formen, Größen und Farben – aufklappbar, als Slider, mit Drehgelenken oder Touchscreens. Dazu sind nun auch spezielle Handy-Accessoires erhältlich, die von kleinen Täschchen bis hin zu bunten Anhängern reichen. Mitunter werden die kleinen Telefone auch liebevoll in Babysöckchen gesteckt. Neben allgemeinen Funktionen wie integriertem Nummernspeicher, Mailbox, Uhr, Kalender, Taschenrechner und diversen Spielen, kommen Funktionen hinzu, die das Mobiltelefon gleichzeitig zum Radio, MP3-Spieler, Fotoapparat, zur Videokamera und zum GPS-System machen. Eine Funktion scheint jedoch bei Weitem die beliebteste unter Handynutzern zu sein, obwohl sie ursprünglich als reines Nebenprodukt gedacht war, um trotz Netzstörungen Mitteilungen an die Teilnehmer senden zu können. Die Rede ist von SMS – dem Short Message Service zum Senden kurzer Textnachrichten. Hatte das Telefon einst den Briefverkehr zurückgedrängt, kommt er nun in Form der digitalen Kurzmitteilung zurück. Und noch etwas ist aktueller denn je: das Fasse-Dich-kurz! Diesmal nicht, weil andere Leute warten, sondern weil der Speicherplatz an Buchstaben ideal ausgenutzt werden will. Dies führt zu einer regelrechten Abkürzungskultur, in der ganze Sätze akronymisiert werden. Mittlerweile sind die *LOLs* und *HDLs* in die Wörterbücher eingegangen und auch das Schreiben einer SMS wird ab sofort als *Simsen* verniedlicht.

Der Mobilfunkstandart UMTS (Universal Mobile Telecommunications System) integriert schließlich weltweit alle Mobilfunksysteme und sorgt für noch höhere Datenübertragungsraten. Immer häufiger verschmelzen nun auch Festnetz und Mobilfunknetz unter ein und derselben Nummer. Dass der Mobilfunk jeden jederzeit an jedem Ort erreichbar macht, wird im Laufe der Zeit jedoch gar nicht mehr so rosig bewertet: Die permanente Erreichbarkeit sollte nämlich „zuallererst für die anderen gelten, man selbst möchte nur von wenigen Personen und nur zu bestimmten Zeiten und nicht bei jeder Gelegenheit angerufen werden“ (Gold: 2000, 86). Die Mailbox kann einen unerwünschten Anruf zwar abfangen, wie es früher der Anrufbeantworter tat, doch gilt die Abwesenheit vom Telefon in Zeiten der Taschentelefone nun nicht mehr als Ausrede. So ist man doch meist jeder Form von Klingelattacken ausgesetzt – seien es die eigenen, oder die fremder Menschen. Hinzu kommen intime, banale und immer wieder lautstarke Telefonate fremder Menschen, die man gezwungen ist, mit anzuhören. Mitunter wird das Telefon so zum penetranten Störenfried, dem nur durch einen Druck auf den Ausknopf zu entkommen ist. Doch nimmt man sich damit auch selbst die Möglichkeit, jemanden anzurufen und setzt sich außerdem dem Druck aus, womöglich etwas zu verpassen. Die Crux der Erreichbarkeit ist im Handyzeitalter präsenter denn je und mindestens genauso bipolar. Immer häufiger werden nun Handyverbotsschilder an öffentlichen Plätzen und Einrichtungen aufgestellt, die jedoch nur in den wenigsten Fällen Beachtung finden. So klingelt es in Kino, Kirche und Konferenzsälen fröhlich weiter. Neuerdings kommen sogar *Handy-Knigges* auf den Markt – mobiles Telefonieren will eben gelernt sein. [Vgl. Gold: 2000, 86 und 88ff.]

Mittlerweile ist das mobile Telefon längst kein Statussymbol mehr. Um sich aus der Masse herauszuheben, gilt es daher, das teuerste Modell mit den neusten Funktionen oder die angesagteste Marke zu besitzen. Immer mehr wird das Handy zum Aushängeschild und Persönlichkeitsmerkmal seiner Benutzer. Im Zeitalter des „I"-Phones, dem Mobiltelefon, das das personale Ich bereits im Titel trägt, scheint das Telefon sein eigener Herr geworden zu sein. Mit dem Zugang zum Internet wird das Handy schließlich zum digitalen Alleskönner. Der Anwendungsvielfalt sind nun beruflich und privat keine Grenzen mehr gesetzt. Sei es zum E-Mail-Verkehr, Zeitunglesen, Online-Shopping, Internetbanking, Fernsehen, Fotografieren, Flüge buchen, Navigieren oder einfach nur zum Telefonieren – das Handy wird zum „Schweizermesser der Informationsgesellschaft" (Reischl/Sundt: 1999, 11). Dabei fällt auf, dass die Medien langsam aber sicher miteinander verschmelzen. So ist das Telefon schon lange nicht mehr nur Fernsprecher, sondern gleichzeitig auch Fernseher, Radio, PC und Fotoapparat. Die frühere Abgrenzung zwischen den Medien existiert nicht mehr, stattdessen entsteht eine „computerbasierte Medienwelt" (Stöber: 2003, 174). Und: das Telefon telefoniert nun sogar schon selbst mit anderen Geräten – Bluetooth macht es möglich. Mit seiner Hilfe erkennen sich die Geräte untereinander und stellen eine Funkverbindung zueinander her – Verbindungskabel und Stecker gehören so schon bald der Vergangenheit an. Über ein Headset am Kopf befestigt, ist noch nicht einmal mehr die menschliche Verbindung der Hand zum Ohr nötig. „Das Handy wird zum ‚zweiten Gehirn', zum Kommunikator, der Informationen in Form von Bits austausch[t] und die Eigenschaften seines Besitzers kennt, seine Befehle ausführt und sogar selbständig agiert" (Reischl/Sundt: 1999, 13). Vielleicht wird das Telefon in naher Zukunft sogar selbst in das menschliche Gehirn implantiert werden. Dem Wandapparat auf Wanderschaft wäre immerhin alles zuzutrauen.

Teil 2

Das Telefon im Spielfilm – Filmübergreifende Funktionsanalyse

1. Das Telefon im Netzwerk zwischen Macht und Ohnmacht

Oft entscheidet ein einziger Telefonanruf über Leben und Tod. Ein Szenario dieser Art findet sich genreübergreifend in unzähligen Filmen wieder. Dabei erhält das Telefonat eine besondere Wichtigkeit und Bedeutung für die Dramaturgie, denn je wichtiger der Inhalt des Telefonats ist und je größer seine Folgen sind, die es herbeiführen könnte, desto mehr beeinflusst es den Spannungsbogen. Meist entsteht während des Telefonats auch eine hierarchische Beziehung zwischen Anrufer und Angerufenem. Dies hängt zum einen damit zusammen, dass der Anrufer immer in eine bestehende, mehr oder weniger private Situation eingreift. Von ihm geht die Kommunikation aus, er initiiert sie, bestimmt ihren Zeitpunkt. Da der Anrufer in der Dialektik des Telefonats – formal gesehen – stets aktives Subjekt ist, wird der Angerufene mit dem Stempel des passiven Objekts versehen. Dies heißt jedoch nicht, dass ein Anrufer auch zwangsläufig durch das gesamte Telefonat hindurch der Überlegene sein muss, schließlich vermag das Telefon keine neuen Machtverhältnisse zu erzeugen, sondern vermittelt lediglich die bereits bestehenden. Doch kann diese Ausgangslage im Film dienlich sein, um die Machtstrukturen mit Hilfe des Telefons gezielt hervorzuheben und zu betonen. So kann ein mächtiger Anrufer noch einflussreicher wirken, wenn er über das Telefon knappe Befehle an seine Untergebenen durchgibt. Kommen selektive Filter zum Einsatz, wie etwa vorgeschaltete Sekretariate, so werden die hierarchischen Strukturen zusätzlich verdeutlicht, da das (Film-)Telefonat dann immer a priori mit einer Kategorisierung in binäre Oppositionspaare wie *wichtig/unwichtig*, *eilt/eilt nicht* zusammenhängt.

1.1. Machtvolle Telefonate

Das Telefon teilt die Kommunikationspartner in Anrufer und Angerufenen ein. Vom Anrufer geht die Initiative aus, er versendet mit dem Klingeln den Appell zur Kommunikation. Während der Anrufer das Telefonat sehr genau einplanen, es sich zeitlich so zurecht legen kann, wie er es wünscht, muss der Angerufene dem einkommenden Telefonat in der Regel oberste Priorität einräumen. In seiner Untersuchung von Ritualen telefonischer Kommunikation vergleicht Jürgen Bräunlein den Anrufer daher auch mit einem „Angreifer“, denn „wer anruft, greift aktiv in die Situation des anderen ein“ (Bräunlein: 2000, 143). Im Film werden Machtstrukturen und Beziehungsgefüge oft mit Hilfe des Telefons thematisiert. Meist dient es dann als Sprachrohr des Mächtigen, der mit seiner Hilfe Befehle vollstreckt. In *Metropolis*[2] ist dieser Mächtige Joh Fredersen, seines Zeichens Industriemagnat und Herrscher über das Maschinenreich. Über den Dächern von Metropolis wird dieser bei regierender und delegierender Tätigkeit in der Schaltzentrale des großen „Turms Babel“ gezeigt, umringt von zukunftsvisionären Instrumentarien. Joh Fredersen ist ein Diktator, im wahrsten Sinne des Wortes – so diktiert er seinen drei Schreiberlingen brisante Ideen und Gedanken. Interessant ist das Zukunftsszenario für den im digitalen Zeitalter lebenden Rezipienten deswegen, weil hinter all den futuristischen Maschinen doch immer noch Menschen stehen, die diese bedienen. Eine vollkommene Automatisierung – geschweige denn der Schritt zur Digitalisierung – ist in Fritz Langs Zukunftsvision noch nicht vollzogen. Und doch verfehlt die Narration ihre Aussage nicht: Hier herrscht ein mächtiger Mann, dem die Maschinen gehorchen, weil ihm die Menschen gehorchen. Mit diesem Wissen entfaltet sich das Telefonat zwischen Fredersen und dem Werkmeister Grot gegen Ende des Films, als die revolutionäre Situation aufkocht und droht, überzulaufen: Die aufständischen Arbeiter versammeln sich zum Ansturm auf die Maschinen. Aus Sorge um die Herzmaschine, die Energiezentrale von Metropolis, verschließt Grot die Tore und versucht Fredersen zu alarmieren. Dieser betritt in der Sequenz, in der das Telefon zum Einsatz kommt (TC 1:30:11-1:31:26 / EP S. 117-119), den großen Saal seiner Befehlszentrale. Er nähert sich dem Telefonapparat, der fest an der Wand installiert ist, und untersucht zunächst die ge-

[2] *Metropolis* (Fritz Lang, 1927) ist die Stadt der Zukunft, die Stadt der Maschinen. Jedoch birgt sie ein dunkles Geheimnis: Während in den Hochhäusern und Palästen über der Erde die reichen Familien der Geschäftsmänner und Befehlshaber residieren, wohnen unter der Erde die Arbeiter, die täglich an den Maschinen schuften, um die Stadt am Leben zu erhalten. Als sich Freder, der Sohn des Industriemagnaten Joh Fredersen, in Maria, die revolutionäre Heldin der Unterwelt, verliebt, sieht sein Vater das Maschinenreich bedroht. Er beauftragt den Erfinder Rotwang, einen Roboter mit Marias Antlitz in die Unterwelt zu schicken, der die Arbeiter aufwiegeln soll. So erhofft er sich, mit noch härteren Maßnahmen gegen die Unterwelt vorgehen zu können. Der Plan droht jedoch aus den Fugen zu geraten: Die Arbeiter beginnen damit, die Maschinen zu zerstören. Der Zerfall Metropolis’ droht…

druckten Aufzeichnungen, die der Fernsprecher produziert hat. Möglicherweise sind es die aufgezeichneten Versuche Grots, Kontakt mit Fredersen aufzunehmen, um ihn vor dem bevorstehenden Arbeiteraufstand gegen die Maschinen zu warnen. Was darauf folgt, ist der eigentliche Akt des Telefonierens: Fredersen stellt sich vor den riesigen Fernsprecher und dreht an dessen Zahlenrädern. Auf der Anzeigetafel in der Mitte erscheinen in Leuchtschrift die Lettern *HM2*, was für *Herzmaschine 2* stehen könnte, da es sich im Verlauf zeigen wird, dass das Gespräch nach unten in den Maschinenraum gestellt wird. Fredersen dreht an zwei weiteren Knöpfen und es erscheint auf dem Display eine Bildübertragung der Maschinenräume als Überblendung – erst verschwommen, dann immer klarer werdend, was beim Zuschauer den Eindruck erweckt, Fredersen justiere mit den Knöpfen die Schärfe (TC 1:30:28-1:30:35 / EP S. 117-118). Schließlich erscheint Grot auf der Bildfläche. Er läuft nervös im Maschinenraum hin und her, während Fredersen den großen Telefonhörer von der Gabel nimmt und mehrere Male auf einen kleinen Knopf des Telefonapparats drückt. Das stumme Klingeln wird geschickt visualisiert, indem auf Grots äquivalentem Telefonapparat im Maschinenraum zwei Glühbirnen an- und ausgehen. Grot hebt ab und die Verbindung zu Fredersen steht. Den Vorzug der visuellen Übertragung kann jedoch nur Fredersen nutzen, ein Display zur Bildübertragung existiert im Maschinenraum nicht. Grot ist der Benachteiligte der Kommunikation – technisch wie sozial – und das Telefonat bringt die hierarchischen Strukturen ans Tageslicht: Fredersen ist nicht nur Initiator der Kommunikation, er leitet sie auch. Sein Anruf dient gleichzeitig zur Überwachung und Befehlsvollstreckung. Das Telefon steht dabei voll und ganz im Dienste seines Herrschers, der als mächtiges Subjekt erscheint, während Grot zum passiven Objekt wird. Auch die Verortung der beiden Telefonpartner spielt dabei eine große Rolle, so telefoniert Fredersen von seinem erhabenen Standort aus nach unten in den Maschinenraum, was die Hierarchie sehr plakativ in Erscheinung treten lässt. Im Close-Up erteilt Fredersen mit autoritärem Gesichtsausdruck den Befehl, die Tore zu öffnen (TC 1:30:51-1:30:54 / EP S. 118). Grot gerät außer sich, wohl wissend, das dies das Ende der Herzmaschine bedeuten würde. Auf Fredersens Bildschirm erscheint Grots verzweifelter Blick, der jedoch ins Leere geht. Eine Situation, die in realen Telefonaten Ausgangspunkt für diverse Spannungen, Täuschungen und Illusionen ist, wird hier zur doppelten Belastung: „Man sieht nicht, was am anderen Ende los ist." (Wulff: 1991b, 65). Neben der *„Differenz zwischen Wahrnehmungs- und Kommunikationsraum"* (Wulff: 1991b, 65) wird die benachteiligte Situation Grots insofern noch weiter gesteigert, als dass er genau weiß, dass Fredersen *ihn* beobachtet.

Verzweifelt blickt er auf die Mattscheibe seiner Apparatur, als suche er Fredersens Augenkontakt. Schließlich wird Fredersen energischer. Er dreht sich frontal zum Bildschirm, blickt erbost Grots Abbild an und befiehlt ihm erneut, die Tore zu öffnen. Das Telefon wird hier zum Sprachrohr des Mächtigen und steigert dessen Befehlsgewalt, wie Bernhard Debatin treffend bemerkt:

> Ein besonderes Kapitel gleichzeitigen Autoritäts- und Technikfetischismus' ist die Darstellung des *Mächtigen*, der mit dem Telefon über ein hierarchisches Netz verfügt und so seinen Untergebenen knappe Befehle und Instruktionen erteilen kann. Die Geltung der Machthierarchie wird mit solchen Maßnahmen ebenso bekräftigt wie zum Ausdruck gebracht (Debatin: 1991b, 39).

Fredersens Autorität wird auch dahingehend verdeutlicht, dass er die Unterhaltung einfach abbricht, während Grot noch dabei ist, ihn vor dem Öffnen der Tore zu warnen. Er hat die absolute Kontrolle – auch über das Telefonat. So legt er den Hörer auf und bricht die Kommunikation seinerseits ab. Mit dem Hörer auf der Gabel erlischt auch die Bildschirmübertragung. Er löscht Grots *Stimme* und sein Abbild einfach aus, während jener weiter in den Hörer schreit und verzweifelt gestikuliert, bis er bemerkt, dass die Lämpchen auf dem Fernsprecher erloschen sind und das Gespräch gewaltsam beendet wurde. Ihm bleibt nichts weiter übrig, als sich Fredersens Befehlen zu fügen.

Von oben herab regiert auch Gordon Gekko, der milliardenschwere Börsenspekulant aus *Wall Street*[3]. Was für Fredersen der Turm von Metropolis, ist für Gekko sein Büro in einem riesigen Wolkenkratzer über New York. Von dort aus kontrolliert er die Börse, seine Geldgeschäfte, Mitarbeiter und Konkurrenten. Mit nur einem Anruf kann Gekko Menschen zu Multimillionären machen oder ihnen millionenschwere Defizite bescheren. Der Börsenmakler Bud Fox ist dagegen ein Niemand. Im Hierarchiegefüge an der Wall Street steht er an unterster Stelle. Sein sehnlichster Wunsch ist es, einmal sein großes Vorbild Gordon Gekko zu treffen und

[3] *Wall Street* (Oliver Stone, 1987) handelt vom Aufstieg und Fall des Börsenmaklers Bud Fox. Bud ist jung, talentiert und ehrgeizig. Sein großes Vorbild ist der milliardenschwere Börsenspekulant Gordon Gekko. Als Bud die Chance erhält, für Gekko zu arbeiten, lässt er sich in den Bann des schnellen Geldes ziehen. Geblendet vom steilen Aufstieg verstrickt er sich jedoch immer mehr in die illegalen Machenschaften seines Mentors. Als Gekko die Fluglinie, bei der Buds Vater arbeitet, an sich reißen will und deren Ausverkauf beschließt, erkennt Bud, dass er handeln muss und beginnt, Gekko mit seinen eigenen Waffen zu schlagen.

schließlich bekommt er die Chance dazu. Als sich Gekkos Bürotür öffnet, erhält Bud einen exklusiven Einblick in das Befehlszentrum (TC 0:15:20-0:15:35). Meist „[zeigt] schon die Platzierung des Apparats auf dem Schreibtisch des Chefs an, wer an den Schalthebeln der Macht sitzt“ (Müller: 1991, 199). Und Gekkos Schreibtisch entpuppt sich geradezu als High-Tech-Terminal, das mit mehreren Computern und einem gigantischen Telefonapparat ausgestattet ist. Dieser ist zwar kleiner als in *Metropolis*, doch wirkt er nicht weniger wichtig, zeugt er doch von umtriebiger Geschäftigkeit. Als Bud näherkommt, führt Gekko gerade lautstarke Verhandlungen über das Telefon und erteilt schließlich den Befehl, einen seiner Konkurrenten schnellstmöglich zu ruinieren (TC 0:17:35-0:18:00). Dass Gekko über Leichen geht, dürfte nicht erst an dieser Stelle deutlich werden. Jürgen Bräunleins Vergleich von Anrufer und Angreifer [vgl. Bräunlein: 2000, 143] trifft auf Gekko ganz besonders zu, denn er greift ständig *ein* und *an* und erinnert dabei sehr an Joh Fredersen. Beide stehen im Hierarchiegefüge an oberster Stelle und vollstrecken über das Telefon Befehle *nach unten*. Doch als Bud gegen Ende von *Wall Street* Gekko um einen Millionendeal bringt, dreht sich das Machtverhältnis für einen kurzen Moment um (TC 1:47:05-1:47:46). Nun ist er es, der Gekko anruft und über ihn triumphiert. So zeigt sich: Das Telefon ist ein „Apparat, mit dem wir Kontrolle über andere ausüben“, aber es ist zur gleichen Zeit auch ein „Medium [...], mit dem Kontrolle auf uns ausgeübt wird.“ (Wulff: 1991b, 72).

Auch ein Anrufbeantworter kann die Machtverhältnisse kurzeitig umdrehen, da er „dem Empfänger das Recht zurückgibt, Kommunikation zu initiieren“ (Rosen: 1994, 368). Somit erlangt der Angerufene die Macht des ersten Zuges, womit sich im Film ganz neue Bedeutungsspektren eröffnen können. Nehmen wir beispielsweise *A Perfect Murder*[4]. Im Kampf der beiden Rivalen Steven und David kann man ihre Anrufe zusätzlich als Angriffe lesen. Steven greift telefonisch ganz offensichtlich an und das nicht nur, weil er mit seinem Anruf das Signal zum Mord an Emily gibt. David dagegen nutzt den Anrufbeantworter als Verteidigungsmaschine, die eintreffende Telefonate abfängt und ihm so „den Status einer geschützten Person [verleiht]“ (Ro-

---

[4] Als der New Yorker Geschäftsmann Steven Tylor in *A Perfect Murder* (Andrew Davis, 1998) von der Affäre seiner wohlhabenden Frau Emily mit dem Künstler David Shaw erfährt, plant er ihren Mord. Für 500.000 Dollar erpresst er David, der eine kriminelle Vergangenheit hat, Emily zu töten. Ein Telefonanruf soll das Zeichen zum Mord sein, doch Emily überlebt den Anschlag. Fortan beginnt ein nervenaufreibendes Verwirrspiel um Lüge und Wahrheit.

sen: 1994, 368). Da er durch den Anrufbeantworter nicht direkt mit dem Anrufer konfrontiert wird, kann er allen Anrufen, die womöglich unangenehm für ihn werden könnten, aus dem Weg gehen. Eine ähnliche Aufgabe hat Stevens Sekretärin. Sie ist der Anrufbeantworter der Besserverdiener. Durch einen leisen Summton an Stevens Schreibtischtelefon macht sie sich diskret bemerkbar und signalisiert dadurch, dass jemand in der Leitung wartet. Mit Stevens energischem Befehl „I said no calls!" (TC 1:04:08) weiß sie, was sie zu tun hat. Immerhin kann sie, im Gegensatz zu ihrem maschinellen Pendant, die Anrufer vertrösten, Ausweichtermine anbieten und in dringenden Notfällen doch durchstellen. Umberto Eco macht auf humoristische Weise deutlich, welchen Stellenwert eine Sekretärin in der heutigen Geschäftswelt einnimmt:

> Der wahrhaft Mächtige ist der, der nicht gezwungen ist, jeden Anruf zu beantworten, im Gegenteil, er läßt sich – wie man so sagt – verleugnen. Auch auf der unteren Ebene des Managements sind die beiden Erfolgssymbole der Schlüssel zur Privattoilette und eine Sekretärin, die sagt: ‚Der Herr Direktor ist nicht im Hause' (Eco: 1993, 171).

Auch Gordon Gekko in *Wall Street* schirmt sich systematisch durch sein vorgeschaltetes Sekretariat ab. Dieses stellt die eintreffenden Anrufe erst gar nicht durch, sondern macht dem Anrufer unmissverständlich klar, dass Gekko nicht mit einfachen Leuten verkehrt – weder telefonisch noch privat. Später wird auch Bud in den Kreis der oberen Zehntausend aufgenommen. In der Liga der Chefetage angekommen, bekommt auch er eine Sekretärin gestellt, die seine kostbare Zeit optimal aufteilt. Sie vereinbart fortan seine Termine, organisiert Geschäftstreffen, fängt Telefonate ab, filtert, selektiert und verleugnet die Anwesenheit ihres Chefs, während sie charmant dabei lächelt.

Wie schnell sich die Machtverhältnisse am Telefon umkehren können und wie schmal der Grat zwischen Macht und Ohnmacht sein kann, zeigt auch *Matrix*[5]. Dort

---

[5] Was ist die *Matrix* (Andy und Larry Wachowski, 1999)? Thomas A. Anderson stellt sich diese Frage jeden Tag. Er ist Programmierer in einer großen Softwarefirma und Freizeithacker mit dem Pseudonym Neo. Über mysteriöse Botschaften auf seinem Computer lernt er die Hackerin Trinity kennen, die ihm Morpheus, den Kopf einer Untergrundbewegung, vorstellt. Morpheus offenbart Neo, er sei schon eine halbe Ewigkeit auf der Suche nach ihm, da er der „Auserwählte" sei. Von ihm erfährt Neo auch, was die Matrix wirklich ist: Eine neuro-interaktive Computersimulation, die die Menschheit im Glauben lässt, sie lebe im ausgehenden 20. Jahrhundert. In Wahrheit sind sie jedoch versklavte Wesen der Zukunft, die von Maschinen in riesigen Plantagen als

ist das Telefon nicht nur bloßes Kommunikationsmedium, es ist ein „akustischer Eingang“ (Genth/Hoppe: 1986, 16), mit dem ein bestehender Raum „fiktiv erweitert“ (Genth/Hoppe: 1986, 107) und eine virtuelle Welt betreten werden kann. Dadurch wird es zum essenziellen Baustein für die Dramaturgie. Es treibt die Handlung voran und sorgt beim Publikum für Spannung und Nervenkitzel. Durch seine immer schon bestehende Fähigkeit, Virtualität zu etablieren, bietet es die optimalen Voraussetzungen dafür, eine Schnittstelle zwischen den Welten zu werden. Schließlich

> [erfüllt] die Realität eines beliebigen Telefonats [...] eine Grundbedingung jeder virtuellen Realität: denn diese ist gekennzeichnet durch die medienspezifische Gestaltung eines Raumes vielfältiger, aber nicht beliebiger Kommunikations-, Handlungs- bzw. Erfahrungsmöglichkeiten, die durch eine spezifische Differenz der Wahrnehmungssituation von der nicht-virtuellen Realität unterschieden sind (Münker: 2000, 187).

Damit diese virtuelle Welt betreten werden kann, reicht ein Telefon alleine jedoch nicht aus. Stets muss ein Operator den Ein- und Ausgang bereitstellen. Wie in *Metropolis* steht ein lebendiger Drahtzieher hinter der Technik und erhält dadurch Macht und Verantwortung. Passenderweise ist der Operator in *Matrix* durch und durch Mensch – Tank wurde nicht wie seine Crewmitglieder in einer Legebatterie gezüchtet, sondern kam auf natürlichem Wege zur Welt. Doch Mensch sein, heißt noch immer sterblich sein – auch im Sci-Fi-Szenario der Zukunft. Für die Dramaturgie bedeutet dies, dass ein Ausgang ebenso schnell geöffnet, wie geschlossen werden kann. Hat der Operator keine Kontrolle mehr über die Technik, können die Türen in der anderen Welt schnell zu Falltüren werden. Gegen Ende des Films passiert genau das: Cypher, dessen Name nicht von ungefähr an das Wort Luzifer angelehnt ist, verrät seine Crewmitglieder und bringt sie dadurch in größte Gefahr, woraus sich eine komplexe Telefonsituation entfaltet. Die Sequenz wird damit eingeleitet, dass die Protagonisten in der Matrix vor sogenannten Agenten, den Schutzprogrammen der Matrix, flüchten (TC 1:21:36-1:27:24). Über das Mobiltelefon können sie jedoch den Kontakt zur realen Welt halten. Dort, auf dem Schiff der Nebukadnezar, befindet sich Tank in Bereitschaft. Er lotst seine Freunde durch die Matrix, indem er ihnen die Koordinaten des nächstgelegenen Ausgangs durchgibt. Dieser ist ein altes Telefon in einem ver-

---

Energielieferanten gezüchtet werden. Neo soll die Matrix zerstören und die Menschheit für immer aus der Tyrannei der Maschinen befreien.

lassenen Elektrowarengeschäft, das zum Einsatz bereit steht. Cypher, der eine Abkürzung genommen hat, erreicht als Erster das Ziel. Als er das Geschäft betritt, klingelt das analoge Telefon bereits. Er nimmt ab und erwacht kurze Zeit später an Bord der Nebukadnezar von seiner virtuellen Reise, während in der Matrix die restlichen Crewmitglieder das Telefon ansteuern. Als Tank die Leitung erneut frei machen will, erschießt ihn Cypher aus einem Hinterhalt. Die Zurückgebliebenen können die Matrix jedoch ohne eine freie Leitung nicht verlassen, sie sind auf den Operator angewiesen und ohne sein Zutun bleibt die Leitung tot. Um herauszufinden, was passiert ist, ruft Trinity via Handy auf der Nebukadnezar an. Am anderen Ende meldet sich Cypher, der nun die Kontrolle des Operators übernommen hat und damit die Macht über die Crewmitglieder besitzt. In seinem Telefonat mit Trinity tritt dieses neu entstandene Machtverhältnis auch dadurch in Erscheinung, dass sich eine eigentümliche Vermischung der Kommunikationsebenen und Wahrnehmungsräume konstituiert: Cypher spricht zwar über das Telefon mit Trinity, richtet seine Worte jedoch an ihre reglose Körperhülle, die auf dem Schiff im virtuellen Dämmerschlaf liegt. In der Untersicht zeigt die Kamera, wie sich Cypher über Trinitys bewusstlosen Körper beugt und sie anfasst (TC 1:23:38-1:23:51). An dieser Stelle wird ihre Unterlegenheit besonders deutlich. Trinity kann sich nicht wehren, weder in der Realität, noch in der Virtualität. Auf beiden Realitätsebenen sind ihr die Hände gebunden. Cypher hat nun die Kontrolle über die Crewmitglieder und das weitere Geschehen. Eine Parallel-Montage visualisiert das Telefonat, indem abwechselnd Trinity in der Matrix und Cypher in der realen Welt gezeigt werden. Trinity zugewendet erzählt Cypher von seinem Vorhaben, sich der Matrix endgültig zu fügen, um dem spartanischen Leben auf der Nebukadnezar zu entkommen. Schließlich äußert er auch seinen Hass gegenüber Morpheus. Dabei springt er auf dessen bewusstlosen Körper und sieht von oben auf ihn nieder. Dann wechselt Cypher für einen Augenblick seinen Adressaten und spricht Morpheus direkt an, indem er sagt: „I bet you never saw this coming“ (TC 1:24:26-1:24:28). Doch auch Morpheus ist mental nicht anwesend. Auf der Nebukadnezar befindet sich lediglich sein Körper, während sein Geist im virtuellen Raum gefangen ist. Trinity weiß, dass das Leben der Crewmitglieder nun in Cyphers Hand liegt und versucht ihm in Erinnerung zu rufen, dass die Matrix nicht real sei. Daraufhin geht Cypher zu Apocs Liege und antwortet ihr: „I think the Matrix can be more real than this world. All I do is pull the plug here. But there you have to watch Apoc die" (TC 1:25:22-1:25:27). Mit diesen Worten entfernt er Apocs Verkabelung, woraufhin dessen Avatar in der Matrix zusammenbricht. Anschließend tötet er Switch auf dieselbe Weise. Das Leben hängt in *Matrix* oft an einem seidenen Faden, einem kupfernen Draht, oder einem dünnen Netz aus Bits und Bytes. Und wer das Telefon beherrscht, beherrscht das Geschehen. Es liegt allein in der Hand des Operators, ob eine Telefonverbindung das Tor zwischen den Welten öffnet oder schließt. Damit erlangt er eine Machtposition, die ohne ein Verantwortungsgefühl sehr leicht ausgenutzt werden kann. Des Weiteren erinnert seine Aufgabe der Verbindungsherstellung stark an die des Fräuleins vom Amt – ein „Operator" fast vergessener Zeiten.

Dass in einer telefonischen Verbindung die Machtverhältnisse an den Leitungsenden jederzeit umgekehrt werden können, davon weiß auch *Phone Booth*[6] zu erzählen. Der Film baut in den ersten Minuten ein Machtgefüge auf, um es im weiteren Verlauf komplett umzudrehen. Und das Telefon spielt dabei eine erhebliche Rolle. Während Stu in den Anfangsminuten des Films noch als arroganter PR-Agent dargestellt wird, der seinen Assistenten herabwürdigend behandelt, Polizisten besticht und Lügen verbreitet, so kehren sich die hierarchischen Strukturen ins exakte Gegenteil um, als er plötzlich einen anonymen Anruf erhält (TC 0:11:18-0:13:39 / EP S. 171-175). Denn das Phantom am anderen Ende der Leitung entpuppt sich als ein machtbesessener Serienkiller, der seinen Gesprächspartner massiv unter Druck setzt. Auf einmal ist es Stu, der Befehle erhält und erniedrigt wird. Die anonyme Stimme bricht geradezu in seine Welt ein und versucht sie zu zerstören. Das Unheimliche an dem Anrufer ist, dass er scheinbar über alles Bescheid weiß. Er kennt Stu und seine intimen Geheimnisse und Lebenslügen. Noch unheimlicher ist jedoch, dass er Stu scheinbar beobachtet, während er mit ihm telefoniert. Dieses einseitige Kommunikationsverhältnis kennen wir bereits von *Metropolis*, wenn Fredersen seine Untertanen via Bildtelefon von seinem Turm aus beobachtet. In beiden Filmen verleiht es dem beobachtenden Anrufer eine Aura von Allmacht und Überlegenheit, denn er „hat einen Informations- und damit auch einen Machtvorsprung" (Köhler/Wulff: 2000, 132). In *Phone Booth* hat er diesen Machtvorsprung selbst gegenüber dem Zuschauer, der bis am Ende im Unklaren über dessen Identität und Aufenthaltsort gelassen wird.

---

[6] *Phone Booth* (Joel Schumacher, 2002) ist ein Film über den arroganten PR-Agenten Stuart (Stu) Shepard, der in einer Telefonzelle einen unverhofften Anruf von einem psychopathischen Serienkiller bekommt. Dessen Forderung ist ebenso simpel wie makaber: Stu darf nicht auflegen, sonst stirbt er. Es beginnt ein nervenaufreibendes Machtspiel, bei dem auch langsam Stus Lebenslügen entblößt werden.

Im wechselnden Machtverhältnis nimmt Stu immer mehr die Opferrolle ein, was sich filmtechnisch auch daran äußert, dass er oft aus der Vogelperspektive gezeigt wird, wenn die Telefonstimme mit ihm spricht. Ähnlich wie Grot in *Metropolis*, so blickt auch Stu verzweifelt nach oben und versucht, seinen Gesprächspartner zu lokalisieren, um das ungleiche Kommunikationsverhältnis auszugleichen. Dieser gibt sich jedoch nicht zu erkennen. Macht und Ohnmacht reichen einander die Hand.

Während in *Phone Booth* die Machtstrukturen filmtechnisch dadurch untermauert werden, dass der unterlegene Stu meist mit starker Kameraaufsicht bis hin zur Vogelperspektive aufgenommen wird, verfolgt *Lost Highway*[7] eine gänzlich andere Richtung. In Freds Telefonat mit dem Mystery Man (TC 0:28:58-0:30:20 / EP S. 153-155) verweigert sich die Narration ihrer *üblichen* filmtechnischen Transformation. Das Zusammentreffen zwischen Fred und dem Mystery Man ereignet sich auf Andys Party und wird durch einen langen Establishing-Shot eingeleitet (TC 0:26:14-0:27:41 / EP S. 151). Die Kamera zeigt vom Balkon aus den hell erleuchteten Pool darunter, in dem sich Andys Partygäste zur Lounge-Musik amüsieren und fährt dann zurück, um einen weiblichen Partygast auf dem Balkon einzufangen. Andy kommt auf sie zu, begrüßt sie und wendet sich dann zu Renee um. Die Kamera fährt rückwärts vor Andy her, als er auf Renee zugeht und sie umarmt. In einem seitlichen Schwenk kommt nun auch Fred ins Bild. Renee, die sichtlich angetrunken ist, fällt in Andys Arme und bittet Fred, ihr einen weiteren Drink von der Bar zu holen. Fred zögert, steuert aber schließlich nach mehrmaliger Aufforderung die Bar im Innern des Hauses an. Die Kamera wechselt ihren Fokus nun auf Fred und fährt, wie schon zuvor bei Andy, rückwärts vor ihm her. Im Hintergrund, im wahrsten Sinne des Wortes *hinter Freds Rücken*, lässt sich Renee in Andys Arme fallen und beide beginnen zu tanzen. Fred bahnt sich seinen Weg durch die Partygäste. Die Lounge-artige Partymusik wird im Innern der Wohnung lauter. An der Bar angekommen, bestellt Fred zwei Gläser Scotch und leert sie nacheinander. Währenddessen springt die Musik auf ihr An-

[7] „Dick Laurent is dead" – das ist die Nachricht, die dem Jazz-Saxophonisten Fred Madison eines Tages über die Gegensprechanlage seiner Haustür mitgeteilt wird. Wer aber ist Dick Laurent? Und wer ist eigentlich Fred Madison selbst? In *Lost Highway* (David Lynch, 1997) ist nichts verlässlich, und schon gar nicht sind es Identitäten. Fred findet sich schon bald als ein anderer wieder – er wacht im Gefängnis als Pete Dayton auf, nachdem er wegen angeblichen Mordes an seiner Frau Renee zum Tode verurteilt wurde. Wer aber ist dieser Pete und was ist mit ihm geschehen? Und wo ist Fred? Fragen bleiben in *Lost Highway* unbeantwortet. So beginnt eine mysteriös verwobene Geschichte voller Déjà-vu-Momente, die schließlich endet, wie sie begann.

fangsthema zurück, so als ob sich dasselbe Motiv ständig wiederholte. Ein wenig hört sich das so an, als ob ein Disc Jockey die Platte kurz anhält, scratcht und wieder von vorne laufen lässt. Als sich Fred umdreht, endet der Establishing-Shot (TC 0:27:41 / EP S. 152) und die Begegnung mit dem Mystery Man beginnt. Dieser taucht unter den anderen Partygästen auf und fixiert Fred mit seinem starren Blick. Durch seine untersetzte Statur, das weiß geschminkte Gesicht mit den schwarz angemalten Augen und roten Lippen, sowie durch seine schwarze Kleidung sticht er aus der Masse heraus. Hinter Fred bäumt sich die Kamera auf und neigt sich von oben über dessen Schultern zum Mystery Man hinab, der lächelnd auf Fred zukommt und vor ihm stehen bleibt. In diesem Moment verstummt die Musik. Sie bleibt lediglich als ein gedämpftes Rauschen im Hintergrund, so als befinde man sich unter einer unsichtbaren Schallglocke. Der Mystery Man eröffnet das Gespräch mit den Worten „we've met before, haven't we" (TC 0:27:59-0:28:04 / EP S. 152)? Fred kann sich jedoch nicht daran erinnern. Als er den Mystery Man fragt, wo dies gewesen sein soll, antwortet ihm dieser: „At your house, don't you remember" (TC 0:28:13-0:28:18 / EP S. 152)? Der Mystery Man behauptet außerdem, dass er genau zu diesem Zeitpunkt ebenfalls in Freds Haus sei. Und er kann dies auch beweisen: Aus seiner Tasche holt er ein Handy hervor und überreicht es Fred mit der Aufforderung „call me" (TC 0:28:58-0:29:01 / EP S. 153)! Fred wählt daraufhin seine eigene Telefonnummer. Am anderen Ende der Leitung meldet sich die technisch verzerrte Stimme des Mystery Man, die ihm sagt: „I told you I was here" (TC 0:29:24-0:29:26 / EP S. 154). Fred nimmt das Handy vom Ohr und fragt den Mystery Man angespannt, wie er dies gemacht habe, woraufhin jener nur grinsend antwortet: „Ask me" (TC 0:29:34-0:29:38 / EP S. 154)! Fred führt das Handy wieder zum Ohr und fragt, wie er in sein Haus gelangt sei. Der mysteriöse Mann am anderen Ende der Leitung beteuert, Fred selbst habe ihn eingeladen. Freds Blick wird ernster. Auf seine Frage hin, wer der Unbekannte sei, fängt der Mystery Man an zu lachen. Das Lachen schallt Fred sowohl vom Mystery Man selbst, als auch technisch verzerrt aus dem Telefon entgegen. Dann dringt eine harsche Aufforderung aus der Leitung: „Give me back my phone" (TC 0:29:59-0:30:03 / EP S. 155)! Fred nimmt das Telefon wie versteinert vom Ohr und gibt es dem Mystery Man zurück. Dieser grinst ihn an und verabschiedet sich mit den Worten: „It's been a pleasure talking to you" (TC 0:30:09-0:30:20 / EP S. 155). Als sich der Mystery Man entfernt, setzt die Partymusik mit dem Motiv vom Anfang der Sequenz wieder ein.

Unweigerlich löst diese Sequenz etliche Fragen beim Rezipienten aus: Wie kann die Partymusik, die doch eigentlich diegetischen Charakter hat, auf einmal stoppen? Die Partygäste scheinen davon nichts mitzubekommen, denn die Party geht weiter, als sei nichts geschehen. Wenn die Musik also stoppt, um die Aufmerksamkeit auf das Gespräch zwischen Fred und dem Mystery Man zu lenken, dann kann man sie nicht mehr als diegetisch bezeichnen, sondern sie wechselt damit in den nondiegetischen Bereich. Eine klare Abgrenzung existiert nicht mehr. Die Grenze der Opposition von diegetischer und non-diegetischer Musik verwischt. Im Visuellen lösen sich ebenfalls Grenzstrukturen auf. Während des gesamten Telefongesprächs zwischen Fred und dem Mystery Man wird Ersterer aus der Untersicht und Letzterer aus der Obersicht aufgenommen. Im konventionellen Hollywoodkino werden diese Perspektivwechsel oft dazu benutzt, um zusätzlich Bedeutung zu transferieren:

> So kann beispielsweise eine von der *Augenhöhe* abweichende, sehr niedrige Kameraposition (*Untersicht, Froschperspektive*) Macht und Stärke suggerieren und umgekehrt ein erhöhter oder sehr hoher Kamerastandpunkt (*Aufsicht, Vogelperspektive*) Unterlegenheit, Einsamkeit, Schwäche der gezeigten Person nahelegen (Korte: 2004, 42).

In Filmen wie *Phone Booth* oder *Wall Street* kommen diese Muster deutlich zum Tragen. Ersterer zeigt Stu im Verlauf häufig aus der Vogelperspektive und suggeriert so seine unterlegene Position gegenüber dem anonymen Anrufer, während Letzterer Gordon Gekko immer wieder aus der Untersicht abbildet und dadurch seine Macht und Wichtigkeit unterstreicht. Nicht so *Lost Highway*. Lynch dreht die Vorzeichen um. Er zeigt Fred während des Gesprächs mit dem Mystery Man aus der Untersicht, obwohl dieser alles andere als Macht und Stärke ausstrahlt. Im Gegenteil, er ist dem Mystery Man vollkommen ausgeliefert. Letzterer behält im gesamten Gespräch die Oberhand, obwohl die Kamera auf ihn niederblickt. Unterlegenheit wäre jedoch weit entfernt von allem, was man mit dem Mystery Man in Verbindung bringen würde. Im Vertauschen der Vorzeichen verschwimmt auch die Grenze zwischen Überlegenheit und Macht auf der einen Seite sowie Unterlegenheit und Ohnmacht auf der anderen. Bezogen auf die Sprache-Bild-Relation könnte man sagen: Der Dialog „sticht" die visuelle Tonleiter. Und da ist noch eine Konvention, mit der Lynch sehr plakativ zu brechen scheint. Es ist die Darstellung eines Telefonats auf der Leinwand. Im Telefonat mit dem Mystery Man erscheint nichts so, wie man es von einem Filmtelefonat – von einem Telefonat überhaupt – erwartet. Da ist zum einen das Zusammenfallen des leiblichen Wahrnehmungsraumes mit dem kommunikativen Raum des Telefonats, da Freds Telefonpartner gleichzeitig vor ihm steht. Der Mystery Man wird dadurch sowohl zum akustischen Telefonpartner als auch zum visuellen Gesprächspartner. Dies erzeugt eine paradoxe Situation, die das Telefonieren an sich obsolet werden lässt, schließlich ist der Gesprächspartner auch vor Ort anwesend. Und noch etwas fällt auf: Das Telefonat drängt die leibliche Situation nicht in den Hintergrund, wie es bei vielen anderen Filmen üblich ist. Dort „[hebt] z.B. das Telefon eine dyadische Vis-à-vis-Situation sofort auf. Das ist darauf zurückzuführen, daß das Telefonat eine neue Situation etabliert" (Wulff: 1991b, 82). In *Lost Highway* wird dagegen die Konversation von Angesicht zu Angesicht beibehalten, während sich die Telefonkommunikation daruntermischt. Hier wird dem Telefonat keine visuelle Priorität vor der Vis-à-vis-Kommunikation eingeräumt, stattdessen verschmelzen die Wahrnehmungsräume miteinander. Im Telefonat mit dem Mystery Man erteilt Lynch der gängigen Kinematografie Hollywoods eine Absage, indem er die Grenzen von Macht und Ohnmacht, diegetischer und non-diegetischer Musik, Nähe und Ferne sowie Geist und Körper auflöst.

1.2. Die Stimme der Macht

Das Telefon trennt seit jeher die Stimme vom Körper und transportiert sie ans andere Ende der Leitung. Dort erscheint sie körperlos, was ihr einen immateriellen Status verleiht und den Eindruck erweckt, sie sei ein „Geist" (Lemaitre: 1991, 51). Dies

> geht möglicherweise aus einem kollektiven Unbewußten hervor, das durch die Erinnerung an den magisch-religiösen Glauben an eine übernatürliche Welt, die neben unserer Wirklichkeit existiert, in uns eine Furcht vor dem Unsichtbaren hervorzurufen vermag (Lemaitre: 1991, 51).

Im Film kann dieses Phänomen bewusst eingesetzt werden, um den Anrufer in eine mysteriöse Aura zu hüllen und gleichzeitig seine Macht zu demonstrieren. Gekkos Wake-Up-Call, den er Bud in *Wall Street* abstattet, wäre ein Beispiel dafür (TC 0:50:32-0:52:18 / EP S. 143-144). Narrativ kann diese Szene in der Mitte des Films angesiedelt werden. Bud ist bereits in Gekkos Geschäftswelt eingeführt worden und soll nun selbst aktiv werden. Gekko klingelt Bud von einem Strandspaziergang in der Morgendämmerung aus dem Schlaf. Dieser greift sichtlich übernächtigt zum Hörer.

Er ist noch angekleidet, was auf längere Arbeitsphasen bis tief in die Nacht schließen lässt. Gekko dagegen scheint niemals zu schlafen. Er ist immer und überall gegenwärtig. Im wahrsten Sinne des Wortes ist er sogar schon da, bevor die Sonne aufgeht. Den Sonnenaufgang schildert er Bud exklusiv und vor Ort über sein Mobiltelefon. In dieser Sequenz wird Gekko in seiner ganzen Mächtigkeit gezeigt. Um Bud tiefer in seinen Bann zu ziehen und ihn gefügig zu machen, verspricht er ihm ein Vermögen und die Aussicht auf eine Beziehung mit der Innenarchitektin Darien. Das gesamte Telefonat ist mehr oder weniger ein reiner Monolog Gekkos. Bud äußert sich nur einmal kurz und nichtssagend, ansonsten hört er seinem Mentor stumm zu. Gegen Ende des Telefonats wird Gekko in einer Panorama-Einstellung gezeigt (TC 0:52:10-0:52:18 / EP S. 144). Er steht alleine am Strand. Vor ihm bäumt sich eine Welle auf und bricht von ihm weg. Langsam entlädt sie sich am Strand entlang. Im ersten Moment sieht es so aus, als habe Gekko die Welle dazu veranlasst. Ebenso wie er Macht über Menschen ausübt, so scheint er auch Macht über die Gezeiten ausüben zu können. Die Assoziation mit Gott liegt an dieser Stelle nicht fern und das Telefon hilft, dieses Bild zu komplettieren. Über das Mobiltelefon erzählt er Bud vom Spektakel des Sonnenaufgangs, als sei er selbst Teil der Schöpfungsgeschichte. Seine Stimme ist hier und dort und verleiht ihm nach Michel Chion eine gottgleiche Allmacht, Allwissenheit und Omnipräsenz [vgl. Chion: 1999, 24].

Ein ähnliches Phänomen liefert auch *A Perfect Murder*, wenn Steven bei David anruft, der sich seinerseits gerade mit dessen Frau Emily im Bett vergnügt (TC 0:11:34-0:12:44). Nach mehrmaligem Klingeln springt Davids Anrufbeantworter an und zeichnet den Anruf auf. Dabei tönt Stevens Stimme in Echtzeit aus dem Lautsprecher. Im Grunde genommen ist der Effekt derselbe, wie wenn ein Telefonat in eine bestehende Situation einfallen würde, da David und Emily beim Eintreffen des Anrufs anwesend sind – mit dem Unterschied, dass sie nicht direkt darauf reagieren. Durch den Lautsprecher des Anrufbeantworters übertönt Stevens Stimme das heimliche Tête-à-Tête und erwischt die beiden sozusagen in flagranti. Die Macht dieser Stimme, die den intimen Moment sofort zerstört, ist im Sinne Michel Chions ein „Acousmêtre" (Chion: 1999, 17 ff.). Es ist die körperlose Stimme, die gottgleiche Allgegenwärtigkeit, Allmacht und Allwissenheit besitzt. Steven weiß Bescheid. Er überwacht das weitere Geschehen und zieht die Fäden im Hintergrund. Durch den Lautsprecher des Anrufbeantworters ertönt seine Stimme aus dem Off und entblößt das verbotene Treffen. Sie kann als gottgleiche Warnung sowie als Vordeutung auf

Stevens ausgeklügelten Plan verstanden werden, mit Sicherheit aber auf die Entschlossenheit eines gehörnten Ehemanns. Später im Film ergibt sich eine ähnliche Telefonsituation, als Emily vom Landhaus ihrer Mutter bei David anruft. Dieser kann jedoch nicht ahnen, dass Emily den Überfall überlebt hat, schließlich hatte er mit eigenen Augen gesehen, wie in der geplanten Mordnacht eine Leiche aus dem Haus der Taylors getragen wurde. Als sein Anrufbeantworter anspringt, ertönt die totgeglaubte Stimme aus dem Lautsprecher (TC 0:58:49-0:59:50). Für einen kurzen Moment bricht nun für David das Unheimliche in die Realität ein, denn „ever since the telephone and gramophone made it possible to isolate voices from bodies, the voice naturally has reminded us of the voice of the dead" (Chion: 1999, 46). Da die körperlose Telefonstimme seit jeher auch dem Reich der Toten zugeschrieben wird, vermischen sich für einen kurzen Augenblick Mythos und Realität auf beängstigende Weise miteinander. Als David begreift, dass Emily lebt, eilt er zum Telefon, doch dann ist es zu spät. Emily hat bereits aufgelegt.

Während die körperlose Telefonstimme in *A Perfect Murder* stets auf einen Körper verweist, tritt die Stimme in *Phone Booth* anonym auf, wodurch sie noch sehr viel unheimlicher und bedrohlicher wirkt. „Ihre Anonymität verleiht der Telefonstimme *Immunität*" (Lemaitre: 1991, 51). Das heißt, der Anrufer kann Stu nach freien Stücken benutzen, denn er ist nur durch seine Stimme präsent und selbst diese ist nicht lokalisierbar. In seiner Überlegenheit kehrt der anonyme Anrufer sein krankhaftes Inneres nach außen, denn „losgelöst vom Körper tendieren Stimmen und Gedanken zu psychotischem Verhalten" (Peters: 2000, 69). Filmtechnisch fällt auf, dass die Telefonstimme nicht nach den üblichen kinematografischen Regeln inszeniert wird. Normalerweise wird bei der Darstellung eines Telefongesprächs darauf geachtet, das Ton-Bild-Verhältnis dem Gezeigten anzupassen:

> Einfache und verbreitete Konvention ist, daß – sofern sie zu hören ist – die Stimme des im Bild jeweils abwesenden Partners technisch verzerrt wird, als werde sie mit einem Mikrophon vom Telefonhörer abgenommen. Akustisch wird so die räumliche Distanz und Differenz der Person unterstrichen und verdoppelt (Wulff: 1991a, 135).

In *Phone Booth* wird die anonyme Stimme jedoch nicht verzerrt, sondern erscheint in ihrer „reinen" Form, fast so, als komme sie nicht aus dem Telefonhörer, sondern von überall her. Dadurch wirkt sie noch unheimlicher, geradezu teuflisch. „Da die Gabe der Allgegenwärtigkeit Göttern und Dämonen eigen ist, scheint die anonyme Telefonstimme [...] immer in eine mysteriöse Aura eingehüllt" (Lemaitre: 1991, 51). Selbst wenn Stu mit den Polizisten außerhalb der Telefonzelle spricht, so ist die anonyme Telefonstimme immer vordergründig präsent. Die Personen, die sich Stu auf der leiblichen Kommunikationsebene nähern, können die Stimme nicht hören, sie ist nur für Stu und den Zuschauer existent. Wenn sie ertönt, dann nimmt sie den akustischen Raum ganz für sich ein. Dies verdeutlicht nicht nur ihre Macht, sondern auch Stus verzweifelte Lage. Er ist in zwei verschiedenen Kommunikationsräumen gefangen und muss versuchen, zwischen ihnen zu vermitteln. Dabei übt die anonyme Stimme jedoch deutlich mehr Macht auf ihn aus. Ihre Überlegenheit kommt auch besonders dann zum Vorschein, wenn Stu mit den Polizisten verhandelt und sie mit einem lauten Lachen in die bestehende Kommunikation einfällt und alles übertönt (TC 0:36:03-0:37:43 und 0:49:39-0:50:01). Die anonyme Stimme ist in *Phone Booth* allgegenwärtig und wirkt geradezu übermenschlich. Michel Chion verweist auf ihre vierfache Macht: „the ability to be everywhere, to see all, to know all, and to have complete power. In other words: ubiquity, panopticism, omniscience, and omnipotence" (Chion: 1999, 24). Das verzerrte Lachen des anonymen Anrufers schallt dem Zuschauer von allen Seiten entgegen, wie es auch in *Lost Highway* der Fall ist. Dort ist es das Lachen des Mystery Man, das synchron über Fred hereinbricht (TC 0:29:50-0:29:59 / EP S. 155). Die Unheimlichkeit, die von der körperlosen Stimme ausgeht, erhält in *Lost Highway* jedoch noch einen weiteren Twist. Die Omnipräsenz ist dem Mystery Man wahrhaftig einverleibt. Nicht nur seine Stimme befindet sich im Hier und Dort, sondern sein ganzes Wesen. Die Macht, überall zu sein, alles zu sehen und zu wissen, ist nicht mehr nur der körperlosen Stimme alleine zugeschrieben. Der Mystery Man ist selbst ein „Acousmêtre", die personifizierte Immaterialität. Ein Geist, der auf dämonische Weise Allmacht, Allwissenheit und Omnipräsenz in sich vereint.

1.3. Mächtige Telefone

Im Film können Machtverhältnisse nicht nur durch ein Telefonat zum Vorschein kommen oder durch die Selektion, die einem Telefonat vorangeht – manchmal wird das Telefon auch selbst als Machtobjekt und Statussymbol ikonografisch inszeniert. In *Metropolis* ist es nicht nur ein bloßes Instrument, das zur Befehlsvollstreckung dient, sondern hat seine ganz eigene Bedeutung im Maschinenreich. Bei seinem ersten Auftritt, wenn Joh Fredersens in der Schaltzentrale des Turms vorgestellt wird, zeigt sich bereits seine machtvolle Aura. Die Kamera eröffnet die Sequenz, indem sie den ganzen Saal erfasst (TC 0:17:03-0:17:11). Dabei treten an der vorderen Wand, rechts und links neben der großen Salontür, zwei Maschinen in das Blickfeld des Betrachters. Sie sind monströs, mechanisch und thronen geheimnisvoll über dem Saal. Während das Telefon, rechts neben der Tür, erst später seinen entscheidenden Auftritt haben soll, wird die Maschine links nun näher beleuchtet. Es scheint ein Rechenapparat zu sein, der auf sechs senkrechten Anzeigesäulen fluoreszierende Ziffern, Symbole und Formeln auswirft, die sich von oben nach unten bewegen. Was sie bedeuten, oder woher sie kommen, bleibt unklar, es scheinen „Nachrichten aus dem Nirgendwo" (Postman: 2003, 87) zu sein. Was der Rechenapparat da an Zeichen und Symbolen ausspuckt, erinnert eindrucksvoll an einen anderen Science-Fiction Film, der jedoch erst sehr viel später die Zuschauer in seinen Bann ziehen wird: Rund 70 Jahre später flimmern die grünen Zeichenkaskaden des *Matrix*-Codes in verblüffend ähnlicher Weise über die Leinwand und erweisen *Metropolis* die Reverenz.

Josaphat, die rechte Hand Fredersens, schreibt hastig mit und wertet aus, was der „Rechner" ihm anzeigt, er gerät ins Schwitzen und man bekommt als Zuschauer das Gefühl, als entwickle die Maschine ein Eigenleben, als bestimme *sie* das Arbeitstempo der Protagonisten. Der ganze Saal ist in eine Atmosphäre von Macht und Verantwortung gehüllt. Die Maschinen scheinen von der Wand aus über das gesamte Geschehen zu wachen. Später wird das Telefon, oder besser gesagt die Telefonmaschine näher beleuchtet. Es ist ein monströser Apparat, der fest an der Wand des Saals installiert ist. Margret Baumann verweist auf die Brisanz des neuen Mediums zu einer Zeit, in der *Metropolis* in die Kinos kam:

> Um das Telefon und mit ihm um die Besitzer [...] entsteht schon in den Kindertagen des Fernsprechens eine Aura von Wichtigkeit und Bedeutung. ‚Große Tiere' haben einen Apparat an der Wand und bald wenigstens zwei auf dem mächtigen Schreibtisch, dazu Zigarren (Baumann: 2000, 41).

Fritz Lang erschafft auf der Leinwand ein Zukunftsszenario, in dem das Telefon seiner ursprünglichen Gestalt treu geblieben ist. Während sich die Telefone in der Realität eher in die gegensätzliche Richtung entwickelt haben, nämlich verschwindend klein geworden sind, so tritt der Fernsprecher in der futuristischen Welt von *Metropolis* als mächtiger Fernsprechkasten auf. Durch seine Größe wirkt es auf den Zuschauer autoritär und einflussreich. Walter Benjamin beschrieb das Telefon einst als „cachiertes Arsenal" (Benjamin: 1955, 97) und in *Metropolis* ist es eine wahre Wunderwaffe. Es verkörpert die Dreifaltigkeit aus schriftlicher, bildlicher und mündlicher Kommunikation. Als die Revolution der Arbeiter auf dem Siedepunkt angelangt ist, kurz bevor die Herzmaschine zerstört wird, sitzt Fredersen einsam in seiner Schaltzentrale und blickt von oben auf das Lichtermeer von Metropolis (TC 1:36:48-1:37:06). Hinter ihm prangt das Telefon an der Wand – eben noch exekutives Machtinstrument, nun ruhende Autorität. Mit dem Zerfall Babels würde es gleichermaßen zu Grunde gehen. Noch ist es an seinen Thron gebunden, weit entfernt davon, einmal Herrscher des Schreib- und Nachttischs zu sein und noch ferner, den menschlichen Körper selbst zu erobern. Es ist die (vom Schreibtisch) isolierte Dominanz, die in seiner Dreifaltigkeit aus Fern-Hören, Fern-Sehen und Fern-Sprechen das absolute Überwachungs- und Spionageinstrument verkörpert. In der Metaphorik des Films wird Fredersen immer wieder als das Hirn von Metropolis bezeichnet. Getreu dieser Analogie wäre das Telefon dann eine Synapse im zentralen Nervensystem von Metropolis, eine mächtige Zellkontaktstelle, die essenziell wichtige Informationen über Nervenbahnen, respektive Telefonleitungen, weitergibt. Schon Marshall McLuhan und Bruce R. Powers haben die Telefoninfrastruktur mit dem „Nervensystem einer verkabelten Nation" (McLuhan/Powers: 1995, 161) verglichen. Fritz Lang entwarf mit *Metropolis* zukunftsvisionäre Vorstellungen über die Technik im Allgemeinen und das Medium Telefon im Speziellen. Es kann als Synekdoche des gesamten Maschinenreichs verstanden werden. Als autoritärer Herrscher unter den Kommunikationsmedien bleibt es jedoch ein Fixstern, fest verankert im *Metropolis*-Universum.

Das Telefon wird auch in *Matrix* immer wieder „ikonographisch [...] in den Mittelpunkt der Aufmerksamkeit gerückt, insbesondere wenn die Situation des Telefonats etabliert wird" (Wulff: 1991a, 129). So geschieht es auch, wenn sich die Crew der Nebukadnezar bereitmacht, das Orakel zu besuchen (TC 1:04:22-1:05:00 / EP S. 167-169). Dazu werden sieben der Crewmitglieder verkabelt und in einen Dämmerzustand versetzt. Tank, der Operator, übernimmt die Steuerung via Computer. Er macht eine passende Leitung ausfindig und navigiert seine Freunde in die Matrix. Während dieses Vorgangs wird ein schwarzes Analogtelefon gezeigt, das auf einem Tisch in einem alten Hotelzimmer in der Matrix steht. In einer Parallel-Montage wechselt die Kamera zwischen realer und virtueller Welt und fängt dabei abwechselnd die Crewmitglieder und das klingelnde Telefon ein. Dabei umfährt die Kamera das Telefon mit zügiger Geschwindigkeit, als solle dadurch die virtuelle Reise visuell untermalt werden. Die Crewmitglieder werden währenddessen mit starker Aufsicht aufgenommen. Sie liegen verkabelt in ihren Sitzen, die rund um das Steuerterminal angeordnet sind. Von oben fährt die Kamera einen nach dem anderen ab, wobei das Bild immer wieder auf das klingelnde Telefon im Hotelzimmer wechselt. Schließlich verlangsamt sich die Kamera, die das Telefon umfährt, und hält an. Sie bildet das Telefon nun frontal ab und eröffnet dem Zuschauer den Blick in den Hintergrund. Mit geringer Schärfentiefe sind die sieben Crewmitglieder im hinteren Raum des Hotelzimmers zu sehen. Sie haben ihre virtuelle Gestalt angenommen und richten ihren Blick auf das Telefon, das den vorderen Bildraum visuell einnimmt. An dieser Stelle drückt die prominente Stellung des Telefons im Filmbild auch seine Wichtigkeit im *Matrix*-Universum aus. Morpheus geht schließlich auf das Telefon zu, nimmt den Hörer ab und sagt: „We are in“ (TC 1:04:58-1:05:00 / EP S. 168). Die Reise in die Matrix ist geglückt. An dieser Stelle könnte man sich fragen, wieso immer wieder analoge Telefone zum Einsatz kommen, wenn es darum geht, ein Tor in die virtuelle Welt und zurück zu öffnen. Auch die Einwähl-Verfahren, welche an die frühen Telefonmodems erinnern, und die manuelle Vermittlung wirken seltsam veraltet im Vergleich zu dem hochtechnisierten Digitaluniversum der Matrix. Wieso greift also Morpheus' Crew auf diese vergleichsmäßig archaische Methode zurück, wo doch sonst nur speziell ausgereifte Verfahren zum Einsatz kommen? Vielleicht liegt es an der digitalen Beschaffenheit der Matrix selbst. Ein Verfahren, dass sich auf dieselben Strukturen stützt, aus der die Matrix gebaut ist, kann dementsprechend nachverfolgbar sein. Dadurch, dass sich Morpheus und seine Leute aber unerkannt in den virtuellen Raum einschleichen wollen, müssen sie verhindern, dass sie Spuren hinterlassen. Trinity macht diesbezüglich eine Bemerkung, als sie in einer späteren Sequenz die Nachverfolgbarkeit von Mobiltelefonen anspricht (TC 1:17:08). Demnach ist deren Benutzung gefährlich, da ihr Standpunkt wie bei einem Peilsender geortet werden kann. Auch in *Phone Booth* wird die Nachverfolgbarkeit der Handys als klarer Nachteil thematisiert. Als beispielsweise eine Redakteurin genauere Fakten über die Identität von Stus Klientin wissen will, entgegnet ihr der PR-Profi: „Look, I am on cell, no names“ (TC 0:06:11-0:06:12)! Das ist auch der Grund, warum Stu die Telefonzelle überhaupt erst aufsucht und somit das Unheil in Gang setzt. Und es ist derselbe Sachverhalt, den Cypher in *Matrix* ausnutzen wird, um einen Verrat an seinen Crewmitgliedern zu begehen. Bevor sie gemeinsam zum Orakel fahren, zieht er im Verborgenen ein Handy aus seiner Tasche. Er klappt es auf. Das Geräusch, welches dabei entsteht, klingt wie eine Waffe, die geladen wird. Die Assoziation täuscht nicht – Cypher wird mit diesem Anruf seine Freunde denunzieren und Morpheus ans Messer liefern. In Slow Motion lässt er das Handy in eine Mülltonne fallen (TC 1:05:16-1:05:23 / EP S. 170). Die Kamera filmt dabei aus dem Inneren der Mülltonne hinaus, wie das Handy von oben langsam hineinfällt. Während des Falls ertönt das Wählgeräusch. Nun wechselt die Kamera die Perspektive und fährt von oben in die Mülltonne hinein. Das Handy liegt inmitten von alten Konserven und Zeitungen. Ein kurzes Knacken in der Leitung verrät, dass der Anruf durchgestellt wurde und besiegelt Cyphers Abtrünnigkeit. Für den Film ergibt sich dadurch eine Bedeutungsdichotomie, die das Handy als potenzielle Gefahr auf die eine Seite und das fest verkabelte Telefon als rettender Draht zur realen Welt auf die andere Seite verweist.

Auch in *Wall Street* ist das Telefon für die Narration von beachtlicher Bedeutung. Gekkos Macht und Einflussreichtum wird dort vor allem durch das Mobiltelefon untermauert. Denn im Hinblick auf die Zeit, in der der Film angesiedelt ist, „signalisieren [mobile Telefone] Reichtum, Dynamik und Flexibilität“ (Baumann: 2000, 43). Mobiltelefonieren ist ein Privileg, das sich nur die ganz Großen leisten können. Später wird auch Bud ein Mobiltelefon erhalten – ein Indiz dafür, dass er im Kreis derer aufgenommen ist, die es geschafft haben. Mit Buds Mobiltelefon kommen dann auch das Einzelbüro, die Privatsekretärin und die schicke Penthouse-Wohnung. Sie verkörpern in *Wall Street* Statussymbole und zeugen von wirtschaftlicher Macht und finanzieller Größe. Abgesehen vom Mobiltelefon schmückt sich Gekko auch mit anderen technischen Spielereien, um seine Macht nach außen hin zu visualisieren. So zeigt er Bud beispielsweise während eines Geschäftsessens einen Taschenfernseher, den er für seinen Sohn gekauft hat und sagt: „We are going into a new age“ (TC 0:23:18-0:23:20). Zweifelsohne steht der Film in seiner Erzählung an einem Punkt, der das elektronische Zeitalter einläutet. Computer werden leistungsstärker, das Internet nimmt langsam Gestalt an. Autotelefone gehören „zum Inbegriff gediegen mobiler Geschäftigkeit“ (Baumann: 2000, 43) und Mobiltelefone sind bis dato den Besserverdienern vorbehalten. Daher kann das Mobiltelefon zu diesem Zeitpunkt auch vortrefflich als Statussymbol in *Wall Street* eingesetzt werden. In der heutigen Zeit wäre dies schon nicht mehr möglich, da das Mobiltelefon seinem exklusiven Status von damals nicht mehr gerecht werden kann, schließlich ist es mittlerweile zu einem Alltagsgegenstand geworden, der jedem zugänglich ist. Das neue Zeitalter, von dem Gekko spricht, betrifft daher auch den Rezipienten, der *Wall Street* mit anderen Augen sehen wird. Denn was in der Erzählung als neu und fortschrittlich propagiert wird, hat mittlerweile allenfalls nostalgischen Wert. Wenn Bud und Gekko beispielsweise mit monströsen Mobiltelefonen kommunizieren, private Videos auf riesigen Kameras aufgenommen werden, oder Gekkos überdimensionaler Heimroboter Martinis mixt, dann wirken diese technische Errungenschaften auf den heutigen Rezipienten mitunter amüsant, dokumentieren sie doch den rasanten Reifeprozess auf dem Sektor der Elektronik und Informationstechnologie.

In *Phone Booth* scheint der Schritt in das neue Zeitalter, von dem Gekko in *Wall Street* spricht, bereits vollzogen zu sein. Der Film beginnt mit demselben Bild, wie er endet: Vom Weltall aus schicken Kommunikationssatelliten Signale auf die Erde und zurück. Beim Auftreffen auf den Globus verwandelt sich Manhattan in einen gigantischen Mikrochip einer SIM Karte – jenem „20 Quadratmillimeter große[n] Blättchen mit Intelligenz“ (Reischl/Sundt: 1999, 67). *Phone Booth* erfährt dadurch eine äußere Rahmung, die die Erzählung im digitalen Informationszeitalter verortet, in dem die ganze Welt telekommunikativ vernetzt ist. In dieser Welt ist das Handy nicht mehr nur der Oberschicht vorbehalten, es ist jedem Einzelnen zugänglich. In Manhattans Großstadtdschungel ist es omnipräsent und multifunktional. Handys sind nicht mehr nur reine Telefone, es sind „Personal Digital Assistants“ oder „Smart Phones“ (Reischl/Sundt: 1999, 15), und diese machen weder Halt vor Berufsschichten, noch Altersklassen oder Hautfarben. Wie in *Matrix* so findet auch hier ein Vergleich zwischen Handy und Waffe statt, wenn Stus Mobiltelefon für eine Pistole gehalten wird (TC 0:27:09-0:27:39 und 0:34:16-0:34:38). Und im Grunde genommen ist das Handy innerhalb der Narration gar nicht so weit von der Waffe entfernt. Stu benutzt es täglich, um Leute zu bedrohen. Er kann mit einem Anruf Existenzen vernichten. Der anonyme Anrufer benutzt das Handy, um mit Stu zu sprechen, ohne seine Identität und seinen Standort zu offenbaren. Auch er vollstreckt Befehle durch das Telefon, auch er kann mit einem Anruf Existenzen auslöschen. Und schließlich nutzt Stu das Mobiltelefon, um sich selbst zu retten. Es ist wahrhaftig eine Waffe – im Herzen ambivalent – zum Angriff und zur Verteidigung. In *Phone Booth* zeigt es sich in seiner ganzen Vielschichtigkeit. Es stellt Kontakte her, macht Privates öffentlich, transportiert Informationen, verbreitet Lügen, baut Luftschlösser, ist Alltagsgegenstand, Persönlichkeitsmerkmal, Arbeitswerkzeug und Lebensretter.

Durch seine Multifunktionalität kann das Telefon auch die Handlung in einem Film vorantreiben. Meist ergibt sich daraus eine Situation, bei der der weitere Verlauf von einem einzigen Telefon oder einem wichtigen Anruf abhängig ist. In *Matrix* können die Crewmitglieder mit Hilfe des Telefons beispielsweise unerkannt eine Leitung in die Matrix herstellen, dort als Körper erscheinen und sie auf diesem Weg auch wieder verlassen. Dadurch entwickelt sich „eine neue Art von Telefonplot mit einem technologisch hochgerüsteten schwarzen Telefonhörer als Hauptdarsteller, der den Sprecher – meist in letzter Minute – vor den Verfolgern in eine Parallelwelt verschwinden lassen kann" (Feldvoß: 2000, 211). Aber auch in den Filmen *Dial M for Murder*[8] und seinem Remake *A Perfect Murder* wird das Telefon zum essenziellen Baustein für den Verlauf der Handlung und zum einflussreichen Element für den Spannungsbogen. Denn sowohl *Dial M for Murder*, als auch *A Perfect Murder* sind Filme, in denen „ein Telefonat die entscheidende Rolle in der Ausführung eines Mordplans spielt" (Koch: 1991, 215). Beide Male fungiert ein Telefonklingeln als auslösendes Signal zum Mord, während ein Anruf im Büro das dazugehörige Alibi liefert. Interessanterweise existiert jedoch ein gravierender Unterschied bei der Umsetzung des Geschehens: So benutzt der mordlustige Ehemann im ersten Film ein Festnetztelefon in einer öffentliche Telefonkabine, um den entscheidenden Anruf zu tätigen, während im letzteren ein bzw. zwei Mobiltelefone zum Einsatz kommen. Es stellt sich daher die Frage, wie die beiden technischen Varianten jeweils inszeniert werden und welche Vorteile sie für die Dramaturgie liefern.

Dial M for Murder beginnt mit der Großaufnahme eines mächtigen schwarzen Telefons (TC 0:0:09-0:0:15). Kurz darauf wird die stark vergrößerte Wählscheibe gezeigt und der rote Buchstabe M erscheint unter der sechsten Öffnung (TC 0:0:15-0:01:04). Titel und Vorspann verraten es bereits: „Ohne Zweifel spielt es die Hauptrolle zwischen den menschlichen Darstellern" (Genth/Hoppe: 1986, 105) und seine Funktionen sind ebenso vielschichtig wie essenziell: Es stellt den Kontakt zwischen Auftraggeber und Auftragsmörder her, liefert gleichzeitig das Alibi und ist Mordkomplize. Und: Hitchcock nutzt das Telefon zur Erzeugung von Suspense. Im Interview mit François Truffaut grenzt Hitchcock den Suspense-Begriff gegen den Begriff

[8] In *Dial M for Murder* (Alfred Hitchcock, 1954) entschließt sich der windige Ex-Tennisspieler Tony Wendice, seine wohlhabende Frau Margot ermorden zu lassen, da diese ihn mit dem Krimiautor Mark Halliday betrügt. Er heuert seinen alten Kommilitonen Charles Alexander Swann an, der mittlerweile auf ein langes Vorstrafenregister zurückblicken kann. Ein von Tony inszenierter Telefonanruf soll Swann das Signal zum Mord geben. Margot überlebt jedoch den Überfall und tötet Swann in Notwehr. Als die Polizei mit ihren Ermittlungen beginnt, versucht Tony mit allen Mitteln, seinen Kopf aus der Schlinge zu ziehen.

der Überraschung ab, wenn er sagt, letzterer sei ein Effekt, der das Publikum nur wenige Sekunden überkomme, während ersterer das Publikum minutenlang fessle [Vgl. Truffaut: 2003, 62ff.]. Wenn auf der Leinwand aus heiterem Himmel eine Bombe explodiere, so erschrecke der Zuschauer, weil er es nicht erwartet hatte. Dies wäre dann ein Beispiel für einen Überraschungseffekt. Beim Aufbau von Suspense, so Hitchcock, sei es jedoch „unerläßlich, daß das Publikum über die Einzelheiten, die eine Rolle spielen, vollständig informiert ist" (Truffaut: 2003, 62). Gibt man dem Zuschauer also einen Wissensvorsprung vor den Protagonisten, indem man ihm beispielsweise vorab zeigt, wie jemand die Bombe legt, dann ergibt sich daraus eine völlig neue Situation. Das Publikum wäre unweigerlich Teil des Szenarios: „Es möchte den Leuten auf der Leinwand zurufen: Reden Sie nicht über so banale Dinge, unter dem Tisch ist eine Bombe, und gleich wird sie explodieren" (Truffaut: 2003, 64)! Im direkten Vergleich zwischen Überraschung und Suspense erfährt „das Publikum [im ersten Fall] fünfzehn Sekunden Überraschung beim Explodieren der Bombe. Im zweiten Fall [...] fünf Minuten Suspense" (Truffaut: 2003, 64). In *Dial M for Murder* könnte man das Telefonat zwischen Tony und Swann (TC 0:08:47-0:10:08) als Mittel zur Erzeugung eines Überraschungseffekts sehen, wenn nämlich später im Film herauskommt, dass es sich gar nicht um einen Autokauf, sondern um einen Auftragsmord handelt. Für die Mordsequenz dagegen nutzt Hitchcock das Telefon, um Suspense zu erzeugen (TC 0:40:31-0:44:14 / EP S. 121-126). Dazu versuchte er den Plot „so zu konstruieren, dass das Publikum solange wie möglich in diesem Zustand blieb" (Duncan: 2003, 13). Im Dialog zwischen Tony und Swann hat der Zuschauer bereits alles erfahren, was er wissen muss und nimmt nun Teil an der Abfolge der Dinge. Wie abgesprochen erscheint Swann vor der Wohnung und dringt in sie ein. Ein Blick auf seine Armbanduhr zeigt uns: er ist pünktlich, alles läuft nach Plan. Er macht sich bereit und versteckt sich hinter dem Vorhang, dann folgt ein Schnitt auf Tony inmitten seiner Herrenrunde. Auch er blickt auf die Uhr und wir müssen feststellen, dass sie 15 Minuten nachgeht. Zwischenzeitlich wird Swann nervös. Er überprüft erneut die Uhrzeit und fixiert das Telefon. Doch der Anruf lässt auf sich warten. Unruhe macht sich breit, auch bei Tony. Sein Minutenzeiger hat sich kein bisschen weiter bewegt. Er fragt in die Runde nach der genauen Uhrzeit und muss erkennen, dass seine Uhr stehen geblieben ist. Der gesamte Plan droht nun zu scheitern. Tony entschuldigt sich eilig und sucht die Telefonkabine des Clubs auf. Währenddessen liegen bei Swann die Nerven blank. Er steht vor dem Telefon und wartet, aber es klingelt nicht. Dann geht er zur Tür, blickt sich noch einmal zum Telefon um und zögert. Insgeheim wollen wir nicht, dass er geht. Und dies ist wahrhaft eine dramaturgische Meisterleistung, schließlich ist Swann ein Auftragsmörder. Hitchcock aber schafft es, dass „sich die Identifizierung des Publikums verlagert", dass es sich „plötzlich wünscht, er würde bleiben" (Dolar: 1998, 129). Es folgt ein Schnitt auf Tony, der den Gang entlang zu den Münzfernsprechern geht. Dort angekommen, muss er jedoch feststellen, dass die Kabine besetzt ist. Wieder wird der Anruf verzögert. Wird der Plan nun endgültig scheitern? In *Dial M for Murder* zeigt uns Hitchcock anschaulich, wie ein einziger Telefonanruf als *„retardierendes Moment des Spannungsbogens"* (Wulff: 1991a, 137) fungieren kann. Der weitere Verlauf hängt ganz allein von diesem Anruf ab. Der Zuschauer verfolgt angespannt mit, wie Tony die Zeit davonrennt. Endlich wird die Kabine frei. Eine stark vergrößerte Detailaufnahme lenkt die Aufmerksamkeit des Publikums auf den Wählvorgang und betont filmtechnisch noch einmal die Wichtigkeit des erlösenden Telefonats (TC 0:40:56-0:41:04 / EP S. 121):

> Wenn [...] der wahre Täter eine ‚5' [sic.] wählt und man dann einen Schalter sieht, der fünf Rasterschritte schaltet: dann wird die Aufmerksamkeit noch ganz anders beeinflußt und auf den wichtigen Vorgang konzentriert, als wenn man nur den Wählenden sehen könnte (Wulff: 1991a, 137).

Endlich klingelt es. Swann war schon fast aus der Tür, wendet sich jedoch im letzten Moment um. Für einen Augenblick ist der Zuschauer von seiner Anspannung befreit. Doch ein Schnitt auf Margot erinnert ihn daran, dass gleich ein Mord geschehen wird. Haben wir eben noch mit Swann auf den Anruf gehofft, wollen wir nun das Klingeln am liebsten wieder abstellen. Um unsere Aufmerksamkeit zu lenken, nutzt Hitchcock die Eigenschaft des Telefons aus, dass es „sich überall einmischen, Handlung auslösen oder zum Stillstand bringen kann" (Feldvoß: 2000, 201). Wenn Margot den Hörer abhebt und immer wieder „hello" sagt (TC 0:41:26-0:41:52 / EP S. 122-123), dann füllt sich der Augenblick erneut mit Spannung, denn Swann steht mit erhobenem Schal angriffsbereit hinter ihr. Er kann sie jedoch erst strangulieren, wenn sie den Hörer sinken lässt, weil er sonst ihren Hals nicht richtig zu fassen bekommt. War das Telefon eben noch Signalgeber zum Mord, ist es nun Margots rettender Draht, der sie am Leben hält. Waren wir eben noch um Swann besorgt, der nervös auf Tonys Anruf wartete, so fürchten wir nun um Margots Leben. Hitchcock schafft es, die Bedeutung des Telefon(at)s mehrfach neu zu belegen. „Ein und derselbe Telefonapparat dient als

Mord- und Aufklärungsinstrument zugleich, verbindet Auftraggeber, Auftragskiller, Opfer und Inspektor" (Feldvoß: 2000, 208). Und Hitchcock nutzt diese Bedeutungsvielfalt, um unsere Aufmerksamkeit und Anteilnahme immer wieder neu auszurichten. Die Eigenschaft des Telefons, dass es das Hier mit dem Dort zeitlich verbindet, aber räumlich trennt, kann Hitchcock auf der Leinwand umgehen, indem er uns beide Seiten zeigt, die den telefonierenden Protagonisten vorenthalten bleiben. Dadurch erhalten wir einen Wissensvorsprung, den Hitchcock wiederum nutzt, um im klassischen Sinn Suspense aufzubauen, zu dehnen und über Minuten hinweg aufrecht zu erhalten. Dabei fällt auf, dass die Dichotomie, die jeglichem Suspense zu Grunde liegt, nämlich die Verwirklichung oder Verhinderung einer bestimmten Erwartung beim Publikum, den dichotomen Strukturen des Telefonierens schmeichelt. Das Telefon scheint daher als Werkzeug zur Erzeugung von Suspense geradezu prädestiniert zu sein. Auch Steven nutzt in *A Perfect Murder* das Telefon für die Durchführung seines Mordplanes. Er weiß ebenso wie Tony, dass das Telefon eine Maschine ist, die beantwortet werden muss. Sie verlangt sogar so sehr nach einer Antwort, dass man wie Emily aus dem Schaumbad steigt, die Treppe hinabläuft und es beantwortet. In dieser Sequenz zeigt sich sehr deutlich „die Beharrlichkeit des Telefonklingelns, das den Teilnehmer psychisch und sozial zu einer Reaktion zwingt, in der Regel der Annahme des Gesprächs" (Wulff: 1991b, 94). Folgt man den klassischen Telefongesprächsanalysen von Emanuel A. Schegloff, so erfordert das Klingeln („summons") eine unmittelbare Beantwortung, ebenso wie auch ein Türklopfen die Aufforderung zum Eintritt, ein „Herein", verlangen würde. Ein einziges Telefonklingeln kann demnach verstanden werden wie ein einzelnes Klopfen an eine Tür. Folgt daraufhin nicht die Aufforderung zum Eintreten, wiederholt sich das Klopfen bzw. Klingeln solange, bis sichergestellt werden kann, dass hinter der Tür, bzw. am anderen Ende der Leitung niemand anzutreffen ist: „If each ring of the phone be considered a summons, then the phone is built to ring, wait for an answer, if none occurs, to ring again, wait for an answer, ring again, etc." (Schegloff: 1972, 365). Auch Emily wartet das Klingeln erst einmal ab. Mit einem entnervten „You've got to be kidding me" (TC 0:43:39-0:43:42 / EP S. 161) macht sie deutlich, wie unpassend die Situation momentan für sie ist. Aber das Telefon hört nicht auf zu läuten. Und schließlich gewinnt es. Emily gibt nach und steigt aus der Wanne. Für die Durchführung des Mordplans ist selbstverständlich wichtig, dass Steven in der Küche anruft und nicht etwa im Schlafzimmer, sonst würde das Geschehen hinterher nicht mehr als zufälliges Aufeinandertreffen von Opfer und Täter aussehen. In der Tat scheint Steven an alles gedacht zu haben, auch an sein eigenes Alibi. Um ihm dies zu verschaffen, verhelfen ihm zwei Mobiltelefone. Das eine stellt einen Anruf zum Büro her. Steven lässt es einfach in seiner Tasche verschwinden, während es weiter die Verbindung hält. Mit dem anderen wählt er die Nummer des Küchentelefons an. Sein Anruf gibt das Signal zum Mord und liefert gleichzeitig alle akustischen Details über seinen Verlauf. In einer Großaufnahme dreht Steven erst die Lautstärke des Handys herunter und drückt in einer zweiten Einstellung die Mute-Taste (TC 0:43:49-0:43:51 / EP S. 161). Damit kann er sicher gehen, dass weder seine Kollegen noch seine Frau hören können, was sich am anderen Ende der Leitung abspielt. Und tatsächlich fällt niemandem in der Kartenrunde auf, mit wem Steven in Wirklichkeit telefoniert. Später wird ihn sein aufgezeichneter Anruf im Büro aus dem Kreis der Verdächtigen ziehen. Das Telefon hat seine Aufgabe im Mordplan erfüllt – es sind andere Umstände, die ihn letztendlich scheitern lassen.

Sowohl *Dial M for Murder*, als auch *A Perfect Murder* machen sich die Eigenschaft des Telefons zu nutze, dass ein Anruf beantwortet werden will. Seine aufdringliche und dennoch harmlose Art machen es zum perfekten Mordkomplizen, denn weder Margot noch Emily würden hinter dem Telefonklingeln mehr vermuten. Für sie ist das Telefon ein vertrauenswürdiges Objekt. Es klingelt in seiner bescheidenen und doch durchdringenden Art und kann dabei einfach nicht überhört oder übergangen werden. Marshall McLuhan nennt es einen „unwiderstehliche[n] Eindringling“ (McLuhan: 1968b, 296). Deshalb schafft es das Telefon auch, Margot aus dem Bett und Emily aus der Wanne zu locken. Es könnte ja etwas Wichtiges sein. Als die beiden das Klingeln beantworten, wendet sich die Situation. Auf die Begrüßung, bzw. Identifikation, meldet sich niemand am anderen Ende. Auf den ersten Blick mag der Zuschauer verwundert sein, wenn er mit ansieht, wie Margot und Emily immer wieder „hello“ in den Hörer sagen. Er wird sich vielleicht fragen, wieso sie nicht gleich auflegen und auf eine falsche Verbindung oder sonstige Störung schließen. Wie das Telefonklingeln, so deutet auch das wiederholte „hello“ im Sinne Scheglofffs darauf hin, dass dieser Teil des Korrespondenzpaares so lange wiederholt werden muss, bis es durch sein Gegenstück beantwortet wird. Erst nach mehrmaliger Wiederholung ohne Antwort der Gegenseite wird der Angerufene (oder Anrufer) das Telefonat als gestört ansehen und auflegen [vgl. Schegloff: 1972, 364 f]. Margot zeigt ihre Verwunderung über die Störung am deutlichsten. Sie nimmt den Hörer vom Ohr und blickt ihn ungläubig an. Dann führt sie ihn wieder zum Ohr zurück und meldet sich erneut. Während sie sich noch wundert, steht der Mörder bereits hinter ihr. Der Zuschauer, der die ganze Zeit mit ansieht, wie der Mörder direkt hinter Margot steht, will einerseits, dass sie auflegt und andererseits, dass sie es bloß nicht tut. Im Sinne Hitchcocks sitzt er angespannt vor der Leinwand und kann nichts tun. Der „Master of Suspense" platziert das Telefon nicht nur ikonografisch in den Mittelpunkt, sondern erzeugt mit seiner Hilfe regelrechten *Telefon-Suspense*. Der Zuschauer weiß bereits, dass Tonys Anruf das Signal zum Mord liefern wird und Hitchcock sorgt dafür, dass er auch weiterhin diesen Informationsvorsprung behält. Tonys Uhr, die stehenbleibt, die besetzte Telefonzelle – dies alles führt zu einer Hinauszögerung des geplanten Anrufs und damit zu einer Dehnung der Anspannung beim Publikum. In *A Perfect Murder* fehlt dieser Aktionsaufschub, Steven ruft pünktlich, wie mit dem Mörder vereinbart, zu Hause an. Dadurch kann sich Suspense – im Vergleich zu *Dial M for Murder* – nur schwach entwickeln. Zwar erhält der Zuschauer ein Mehrwissen, indem er sieht, wie der Mörder durch das Haus schleicht und sich auf Position bringt, während Emily nichtsahnend ihr Schaumbad genießt, doch kann sich die Anspannung beim Publikum durch den fehlenden Aktionsaufschub nicht lange halten. Stattdessen überwiegt der Überraschungseffekt – und dieser schlägt nicht aus dem Mehrwissen der Zuschauer, sondern aus deren Nicht-Wissen Kapital, wenn sich nämlich herausstellt, dass Emilys Angreifer gar nicht der ist, für den wir ihn die ganze Zeit gehalten haben. *Telefon-Suspense* findet in *A Perfect Murder* trotzdem statt, aber an einer ganz anderen Stelle – und zwar *vor* der geplanten Mordnacht. Dort steht erneut ein Telefon im Zentrum der Aufmerksamkeit, doch diesmal sorgt ein ausbleibender Anruf dafür, dass sich Suspense entwickeln und stärker ausdehnen kann. In der besagten Sequenz wird Emily, die gerade auf dem Weg ist, sich mit David zum Lunch zu treffen, von Steven abgepasst (TC 0:31:46-0:33:56). Höchstwahrscheinlich weiß dieser bereits vom latenten Doppelleben seiner Frau und entführt sie in ein Restaurant, bevor sie David absagen kann. Dieser bereitet seinerseits gerade das geplante Essen bei sich zu Hause vor. Im Restaurant lädt sich die Spannung dann mehr und mehr auf. Emily ist in Gedanken bei David, kann ihm aber kein Zeichen geben. Der Zuschauer verfolgt in einer Parallel-Montage mit, wie David wartet. Als Emily nicht erscheint, wird sein Blick ernst. Hat er sich etwa gerade innerlich dazu entschlossen, Stevens Mordplan durchzuführen? Im Restaurant weiß Emily von all dem nichts. Schließlich lässt Steven sein Handy (bewusst?) auf dem Tisch liegen und stattet seinen Bekannten am Nachbartisch einen Besuch ab. Die Anspannung, die in der Luft liegt, scheint zu bersten. Emily sitzt nervös auf ihrem Platz. Ihr Blick wandert zu Stevens Handy. Da liegt es im Close-Up: das Kommunikationsmedium des modernen Zeitalters (TC 0:33:38). Ein Anruf würde genügen, doch Emily sind die Hände gebunden. Ein Anruf von Stevens Handy aus würde sie sofort überführen. Das mobile Telefon verhöhnt sie geradezu in ihrer eigenen Immobilität. Als Emily David später vom Büro aus anruft, wirkt dieser unterkühlt. Für den Zuschauer steht damit fest: Er wird den Mord an ihr begehen. Somit wird in dieser Sequenz nebenbei auch die Basis für den Überraschungseffekt geschaffen, der sich in der späteren Mordsequenz entlädt.

In der besagten Mordnacht kommt in *A Perfect Murder* ein Mobiltelefon zum Einsatz, während Tony in *Dial M for Murder* von einer Telefonkabine aus telefoniert. Dazu muss Letzterer seine Herrenrunde verlassen und so den sicheren Ort seines Alibis aufs Spiel setzen. Auch wenn er angibt, kurz im Büro anrufen zu müssen, so können sich seine Kollegen nicht hundertprozentig sicher sein, was er wirklich macht. Steven kann dank seines Handys am Tisch sitzen bleiben. So verschafft er sich ein doppeltes Alibi: Zum einen wird sein Anruf im Büro aufgezeichnet, zum anderen werden seine Spielkollegen bestätigen, dass er den ganzen Abend bei ihnen war. Was man sieht, dem glaubt man mehr. Ein weiterer Vorteil des Mobiltelefons ist, dass Steven durch das Drücken der Mute-Taste dafür sorgen kann, dass seine Frau am anderen Ende der Leitung nicht mitbekommt, dass er der eigentliche Anrufer ist. Was in Tonys Fall durch die Schalldämpfung der Telefonkabine gewährleistet wird, erledigt Steven durch einen simplen Tastendruck. Die technischen Möglichkeiten, die ihm die Verwendung seines Mobiltelefons verspricht, machen ihn zwar selbstsicher, aber auch leichtsinnig. Seine technischen Geräte kann er steuern. Sie sind kaum noch störanfällig und funktionieren auf Kopfdruck. Er rechnet jedoch nicht damit, dass eine menschliche Schwäche seinen Plan scheitern lässt. Vielleicht liegt es daran, dass „jede von Menschen erfundene und ›veräußerlichte‹ Technik das Vermögen [hat], das menschliche Bewußtsein während der ersten Zeit ihrer Einbeziehung zu betäuben" (McLuhan: 1968a, 210). Jedenfalls aber zeigt sich in beiden Filmen, dass die Technik hervorragend mitspielt, ein perfektes Verbrechen jedoch trotzdem nicht gelingt. Nachdem das Telefon seine Schuldigkeit als Mordkomplize getan hat, wird es nicht mehr gebraucht. Erschöpft hängt sein Hörer vom Schreibtisch (wie in *Dial M for Murder*) oder liegt verlassen auf dem Küchenboden (wie in *A Perfect Murder*). Aus ihm heraus ertönt lediglich ein fernes Besetztzeichen.

2. Gemeinsame Einsamkeit: Beziehungen der Fernmündlichkeit

Die Aufgabe des Telefons ist es, Kommunikation zwischen zwei oder mehreren Teilnehmern herzustellen. Dabei fördert es immer auch die Entwicklung der zwischenmenschlichen Beziehungen. Doch die Verbindungen, die es herstellt, changieren zwischen Einsamkeit und Zweisamkeit, da die Telefonbeziehung ein Zusammensein suggeriert, obwohl sich die Teilnehmer nur teilweise nähern können. Somit führt ein Telefonat zum gemeinsamen Individualerlebnis, nie jedoch zur wahren Zweisamkeit. Im Begriff der Fernmündlichkeit liegt bereits verborgen, dass sich Nähe von vorne herein ausschließt, dass die Telefonbeziehungen immer Fernbeziehungen bleiben werden. Dieser technische Aspekt kann im Film zum Ausdruck eines emotionalen Wechselverhältnisses von Nähe und Ferne verwendet werden. Zudem ergibt sich während eines Telefonats stets eine Doppelcharakteristik aus Anonymität und Intimität, da das Telefon die Teilnehmer partiell anonymisiert, sie aber gleichzeitig in einem intimen Moment vereint, an dem nur sie teilhaben. Auch ganze Kommunikationsnetze funktionieren nach diesem Prinzip, womit sich für den Film eine große Bandbreite an Möglichkeiten zur Umsetzung eröffnet.

2.1. Nahe Ferne und ferne Nähe

Das Telefon überwindet Distanzen und bringt Fernes nah. Doch schafft es keine leibhaftige, sondern lediglich distanzierte Nähe. Denn „was medientechnologisch einander nahegerückt wird, ist deshalb noch lange nicht miteinander intim" (Hörisch: 2004, 196). Will man sich der Funktion des Telefons in *Paris, Texas*[9] nähern, so wird man feststellen, dass sich die Paradoxie, die der telefonischen Kommunikation eigen ist, auch in der Kommunikation der Protagonisten widerspiegelt. Innerhalb des Films tauchen zahlreiche Motive für die Distanzüberwindung auf und doch scheint es kein Ankommen zu geben. Travis' Reise kann als eine Art Seelenreise verstanden werden,

[9] *Paris, Texas* (Wim Wenders, 1984) ist die Geschichte eines tot geglaubten Mannes, der plötzlich in der texanischen Wüste nahe der mexikanischen Grenze wieder auftaucht. Als er erschöpft zusammenbricht, identifiziert man ihn als Travis Henderson und benachrichtigt seinen Bruder Walt in Los Angeles. Walt reist nach Texas und holt seinen Bruder zu sich. Travis ist verstört und findet keine Worte für das, was mit ihm passiert ist. Bei Walt trifft er auch auf seinen kleinen Sohn Hunter, der seit Travis' Verschwinden bei Walt und seiner Frau lebt. Nach und nach versucht sich Travis seiner Vergangenheit zu stellen. Mit Hunter macht er sich nach Houston auf, um seine Frau und Hunters leibliche Mutter Jane zu suchen.

in der er physische und psychische Distanzen überwindet und vordringt in sein Inneres, um sich seiner Vergangenheit zu stellen. Dass er in seiner langen Aussprache mit Jane schließlich ein Telefon benutzt, zeigt, wie eng das Problem der Telefonkommunikation mit dem Problem der menschlichen Kommunikation zusammenhängt.

Von Anfang an wird Travis in *Paris, Texas* so gut wie immer in Bewegung gezeigt. Meist läuft er zu Fuß oder fährt mit dem Auto. Immer aber überwindet er Distanzen. Auf seinem Weg kreuzt er oft andere Wege oder muss sich an einem Knotenpunkt entscheiden, welche Richtung er einschlagen will. Als er eine lange Landstraße entlang fährt, ragen am Straßenrand hohe Telegrafenmasten empor, auf denen sich die Leitungen in seiner Fahrtrichtung entlang ziehen (TC 0:28:41-0:28:59). Wie das Telefon Distanzen überwindet, so überwindet auch Travis Distanzen, jedoch findet er keine Nähe, ebenso wie das Telefon keine echten Nahverhältnisse herzustellen vermag. Auch als Travis und Hunter später nach Houston fahren, wird ihre Reise immer wieder mit raum-zeitlichen Motiven untermalt. So erzählt Hunter seinem Vater via Walkie-Talkie die Geschichte von einem Mann, der eine Stunde lang mit Lichtgeschwindigkeit durch die Zeit reist und bei seiner Rückkehr sein zurückgelassenes Baby als alten Mann wiederfindet. Kurz darauf zeigt die Kamera eine Horde galoppierender Pferdebeine, die zur Leuchtreklame eines Motels gehören (TC 1:22:17-1:22:25). In Hunters Geschichte kommen auch dessen eigene Verletzungen zum Vorschein, die er durch Travis' Abwesenheit und plötzliches Auftauchen erleiden musste. Die Leuchtreklame, die unmittelbar im Anschluss eingeblendet wird, ist wieder ein Motiv der Bewegung und Distanzüberwindung – man denke nur an die damaligen Express-Kutschen des Wilden Westens. Die Distanzüberwindung kostet Kraft und *Überwindung*, wie der Name schon sagt. Man könnte sagen, *Paris, Texas* zeigt die Distanzen des Lebens auf, die überwunden werden wollen. Selbst der Titel drückt eine Entfernung aus. Da ist keine Konjunktion, die Stadt und Staat verbindet, es heißt auch nicht Paris *in* Texas, stattdessen steckt ein Komma ihre klare Trennung ab. Travis ist in Paris gezeugt worden und irgendwo in Texas verlorengegangen. Nun will er sich wiederfinden, seine Erinnerungslücke schließen und seine innere Distanz überbrücken. An einem Zwischenstopp an einer Tankstelle soll Hunter in einem R-Gespräch Walt und Anne, die noch nichts über ihre Reise wissen, beruhigen (TC 1:16:55-1:18:15). Das Telefonat fügt sich dabei ein in die Reihe der distanzüberwindenden Motive und verstärkt deren symbolischen Charakter. Wie der Mann aus seiner Geschichte mit Lichtgeschwindigkeit reist, so schickt auch Hunter seine Stimme auf eine Reise, bei der „sein gesprochenes Wort mit Lichtgeschwindigkeit diese unglaublichen Entfernungen [überbrückt]“ (Mertens: 1990, 55). Dass Travis sich selbst nicht traut, zum Hörer zu greifen, zeigt auch, wie sehr er emotional noch *verstrickt* ist. War er eben noch einsam und verlassen, ohne Weg und Ziel mitten in der Wüste, so sieht er sich nun mit der Verantwortung für seinen Sohn konfrontiert. Nach Hunters Telefonat setzen die beiden ihre Reise fort. Vor dem Hintergrund des R-Gesprächs werden auch die Parallelen zwischen dem Motiv des Telefons und des Highways sichtbar, denn „die Telekommunikationsverbindungen sind vergleichbar mit den Autobahnen, auf oder in denen man sich bewegt“ (Pinaud: 1990, 238). Im Verlauf ihrer Reise kreuzen Travis und Hunter immer wieder andere Straßen, kommen zu Knotenpunkten und fahren über Brücken. Je näher sie nach Houston kommen, desto entschlossener wird Travis. Kurz bevor er zu Jane fährt, um sich mit ihr auszusprechen, fährt er eine Straße entlang und überquert dabei eine andere. Die Kamera folgt Travis nicht, sondern fixiert sich auf die überquerte Straße. Nach einem kurzen Moment erscheint Travis' Wagen wieder im Bild. Er hat den Rückwärtsgang eingelegt und biegt in die Straße ein, die er eben noch kreuzte (TC 1:44:58-1:45:19). Zum ersten Mal ändert er seine Route und nimmt den *anderen Weg*. Vielleicht beginnt sich sein Inneres langsam zu entwirren, vielleicht ist er entschlossener als zuvor. Jedenfalls führt ihn dieser Weg zu seiner ersehnten Aussprache und dem erhofften Seelenfrieden. Zuvor zeichnet er jedoch auf einem Diktiergerät eine Nachricht für Hunter auf, denn er hat Angst, nicht die richtigen Worte zu finden, um es ihm von Angesicht zu Angesicht zu sagen (TC 1:51:53-1:53:55). In der Aufzeichnung macht er ihm auf rührende Weise seine Schuld und sein Versagen als Vater deutlich. Matthias Ganter konstatiert, dass die meisten Figuren in Wim Wenders' Filmen „massive Probleme beim Kommunizieren“ haben und es ihnen „fast nie gelingt [...], sich selbst und ihre Erlebnisse einem anderen Menschen oder auch sich selbst so zu vermitteln, dass es ihnen adäquat erschiene“ (Ganter: 2003, 99). Daher greift Travis auf das Hilfsmittel der Technik zurück, wie er es auch später in der Aussprache mit Jane machen wird, denn die technische Zwischenschaltung „ermöglicht distanzierte Nähe“ (Bräunlein: 2000, 152). Oder „ins Gegenteil gewendet: einer zu engen Nähe wird ausgewichen“ (Bräunlein: 2000, 152). Dadurch kann Travis eine direkte Konfrontation umgehen, sich ihr jedoch trotzdem stellen. Das Diktiergerät hat dabei einen weiteren Vorteil. Travis kann es immer wieder neu besprechen, bis er sich seine Worte optimal zurecht gelegt hat. Und die Zeit, die zwischen Aufzeichnen und Abhören liegt, gewährt ihm einen Vorsprung, den er nutzen kann, sich zu entfernen. In seiner Aufzeichnung an

Hunter werden Travis' tiefe Schuldgefühle deutlich, aber auch der Wille, seine Schuld wieder gut zu machen. Er sagt, er wolle Hunter mit seiner Mutter zusammenführen, weil er es auch war, der sie damals auseinandergerissen hatte. Der Satz „weißt Du, Du gehörst zu Deiner Mutter" (TC 1:52:47-1:52:54) wird in der darauffolgenden Einstellung, wenn Travis im Auto sitzt und zum Treffen mit Jane fährt, aus dem Off wiederholt. Es verdeutlicht seine Wichtigkeit und verbindet gleichzeitig die nachfolgende Einstellung, in der sich Hunter auf dem Hotelzimmer den Rest der Aufzeichnung anhört. Darin macht ihm Travis auch seinen Entschluss klar, dass er nicht bei ihm und Jane bleiben kann, weil seine Wunden zu tief sitzen. Hunter blickt aus dem Fenster, als er dies hört, und sieht einen Wolkenkratzer, dessen Spitze vom Nebel umhüllt ist (TC 1:53:06-1:53:10). Wahrscheinlich ist auch Travis' Inneres noch zu sehr von den Geschehnissen der Vergangenheit eingehüllt, so dass er keinen Neuanfang mit seiner alten Familie wagen kann. Mit dem vernebelten Wolkenkratzer könnte man auch Travis' Gedächtnislücke assoziieren, die ihn seit der Zeit damals begleitet. Er sagt, er wisse nicht mehr, was damals passiert sei, und er habe Angst davor, was kommen werde. Mit Travis' Aufzeichnung trägt er seine innere Gefühlswelt nach außen, holt ferne Erinnerungsspuren wieder hervor. Das Diktiergerät erinnert dabei an einen modernen „Wunderblock" [vgl. Freud: 1975, 363ff.]. Wie Travis auf das Diktiergerät seine Nachricht aufzeichnet, so können auch in den Wunderblock Nachrichten, bzw. im psychoanalytischen Sinn Wahrnehmungen, eingezeichnet werden. Das Wort „aufzeichnen" sagt bereits, dass der Sprache hier eher der Charakter von Schriftlichkeit zukommt. Im Grunde genommen handelt es sich, wie zum Beispiel beim Anrufbeantworter, um eine „Verschriftlichung von Mündlichkeit" (Wirth: 2000, 170). Der Wunderblock im Freudschen Sinne steht aber auch für den seelischen Apparat. Wie das Diktiergerät, von welchem man Nachrichten löschen kann, ist auch er „aufnahmefähig für immer neue Wahrnehmungen" und zeichnet „dauerhafte, wenn auch veränderliche Erinnerungsspuren" (Freud: 1975, 366) auf. Travis' Botschaft an Hunter kann daher ebenfalls als aufgezeichneter Einblick in seinen seelischen Apparat verstanden werden. Schon vorher im Film schüttet Travis seinem Sohn das Herz aus, als die beiden nach seiner durchzechten Nacht in einem Waschsalon übernachten (TC 1:47:28-1:50:42). Im Hinblick auf das, was folgt, kann der Waschsalon als Ort der Reinigung, der seelischen Katharsis verstanden werden. Travis legt sich auf eine Ledercouch und erzählt von seinen Eltern und deren unglückliche Ehe. Hunter sitzt neben seinem Vater auf einem großen Sessel und hört ihm aufmerksam zu. Es scheint fast so, als sei dies die bildliche Analogie einer Therapiesitzung. Betrachtet man an dieser Stelle noch einmal Freuds Modell des Wunderblocks, so wird deutlich, dass dieser auch für „die Aufgabe und Technik der Analyse“ (Wirth: 2000, 171) steht. Denn „der Analytiker hilft dem Patienten gewissermaßen an die für ihn zunächst unerreichbare Wachsschicht unter dem Deckblatt des Wunderblocks heranzukommen“ (Wirth: 2000, 171). Bei der Analyse geht es schließlich auch immer um das Erinnern. Travis macht mit seiner Andeutung an seine Gedächtnislücke deutlich, dass da noch etwas ist, verborgen, im Innern seiner Seele, das er noch nicht überwunden und abgeschlossen hat. Das ist wahrscheinlich auch ein Grund, warum er Jane sehen muss. Sie soll ihm helfen, sein Trauma endgültig zu überwinden.

Nachdem Travis seine Aufzeichnung für Hunter beendet hat, fährt er zu Janes Arbeitsplatz, um sie zu treffen. Nun, so scheint es, ist er frei für die letzte Hürde seiner Seelenreise. Das Graffito der Freiheitsstatue auf dem Hintereingang der Peepshow scheint zu symbolisieren, dass Travis seine Seele öffnen und sich frei machen soll für das, was kommt. Während sein erstes Treffen mit Jane in einer Peepshow-Kabine des Themenraums *Hotelzimmer* stattfand, *trifft* er sich nun mit ihr in einer Kabine mit der Überschrift *Coffee Shop*. Vielleicht ist dies ja ein Anzeichen für Travis' Entwicklung: Am Anfang irrte er umher, konnte nirgends lange verweilen und schlich sich oft hinaus in die weite Ferne, wo er seine „mechanisch ziellose [...] Flucht“ (Fleig: 2005, 21) fortsetzte. Ein Hotelzimmer passte daher gut zu seiner früheren Gefühlswelt. Es lädt ein zum kurzen Verweilen, hält jedoch niemanden fest. Es verheißt distanzierte Nähe. Das ist womöglich die einzige Nähe, die Travis überhaupt aushält. Das Café-Ambiente des zweiten Treffens zeigt, dass er bereit ist für eine neue Annäherung. Im weitesten Sinne könnte man sein Treffen mit Jane als Verabredung im Café sehen. Der Raum an sich wirkt jedenfalls nicht wie eine Peepshow-Kabine, er sieht eher aus wie eine Küche, gemütlich, fast sogar heimisch. Dass Jane gerade dort auftritt, verleiht ihr eine unschuldig liebevolle, geradezu mütterliche Aura. Die Nähe, die sich dadurch zwischen beiden bildet, wäre für Travis womöglich nicht auszuhalten, wäre da nicht ein riesiger Einwegspiegel, der beide Räume voneinander trennt. Einziges Kontaktmittel ist ein Telefon, das in seinem Teil der Kabine steht. Jane kommuniziert auf ihrer Seite über eine Sprechanlage. Doch Janes Anblick durch die Trennscheibe ist für das, was Travis ihr sagen möchte, zu viel. „Das Paradoxe (und auch das Anrührende) [...] ist, [...] daß das, was per Telefon gesagt werden soll, [...] den visuellen Kontakt nicht verträgt.“ (Wulff: 1991b, 65). Als er mit seiner Geschichte beginnt, dreht er sich deshalb vom Spiegel weg und stellt so eine Kommunikationssituation her, die einer echten Telefonsituation gleichkommt. Er *telefoniert*, ohne seine Gesprächspartnerin sehen zu können. Auch Jane kann Travis nicht sehen. Sie sieht durch den Einwegspiegel nur ihr Spiegelbild. Dem Zuschauer ist von Travis' Kabine aus jedoch der Blick auf beide eröffnet: Travis abgewandt im Vordergrund und Jane zuhörend im Hintergrund. „Wie bei einem Split-Screen steht der Einwegspiegel der Peepshow zwischen den beiden" (Feldvoß: 2000, 206) und wirkt gleichzeitig wie eine emotionale Trennwand. Interessanterweise wirken der Einwegspiegel und das Telefon in ihrer speziellen Verwendung auf dieselbe Weise: sie trennen und entfernen die Kommunikationspartner und ihren gemeinsamen Wahrnehmungsraum. Als Jane Travis schließlich wiedererkennt, kniet sie sich vor den Einwegspiegel und versucht durch ihn hindurchzusehen, um Travis anzublicken. Solange das Licht in ihrer Kabine brennt, ist dies jedoch nicht möglich. Die Einseitigkeit der Situation verlangt, dass nur entweder der eine, oder der andere durch den Einwegspiegel blicken kann. Als Jane vor der Trennscheibe kniet, wird sie von der Kamera von Travis' Kabine aus aufgenommen. Daraus ergibt sich für einen kurzen Moment ein ungewöhnliches Bild: Auf der Trennscheibe zeichnet sich Travis' widergespiegeltes Gesicht auf Janes Gesicht ab, das durch die Scheibe scheint (TC 2:04:40-2:05:28 / EP S. 139). Was dabei herauskommt, ist eine visuelle Vereinigung. Näher werden sich die beiden im Film nicht mehr kommen. Auf rührende Weise leitet diese Abbildung des einen im anderen auf Janes eigene Lebensbeichte über. Indem sie das Licht in der Kabine löscht, kann sie nun Travis sehen. Für ihre Geschichte wendet sie sich jedoch, wie auch er zuvor, von der Trennscheibe ab und spricht in die Sprechanlage, die sie fest in ihren Händen hält und dabei anblickt. Wie der gesamte (Kommunikations-)Raum in zwei Teile geteilt ist, so hat auch die gemeinsame Geschichte von Jane und Travis zwei Seiten. Jane erzählt nun ihre Version des Vergangenen, während Travis über das Telefon zuhört. Wie dieser bereits in seiner Tonbandaufzeichnung für Hunter andeutete, führt die Aussprache zwischen ihm und Jane jedoch nicht zu einer gemeinsamen Zukunft als Familie. Nähe kann, nach allem was passiert ist, nicht mehr leibhaftig sein, sondern muss durch artifizielle Zwischenschaltungen wie den Einwegspiegel oder das Telefon ferngehalten werden. Das Spiel mit Nähe und Ferne ist in *Paris, Texas* omnipräsent. Und das Telefon thematisiert dieses Phänomen so glaubhaft, weil es selbst damit spielt. Es entfernt Travis und Jane voneinander, um das zu vermitteln, was beiden ganz nahe geht. Dabei macht es eine Form von Nähe möglich, ohne den beiden jedoch *zu* nahe zu treten. Und: Es hilft ihnen, sich ihren seelischen Verletzungen aus der Distanz anzunähern.

Während Travis durch den ganzen Film hindurch Distanzen überwindet, um sie, am Ziel angekommen, erneut durch technische Zwischenschaltungen aufzubauen, findet in *Denise Calls Up*[10] überhaupt keine Bewegung mehr statt. Mobil sind lediglich die Telefone geworden. Der Großteil der Protagonisten dagegen verlässt seine Wohnung so gut wie nie und erledigt stattdessen bequemerweise alles von zu Hause aus. Das Interessante daran ist, dass die sieben Freunde alle in der näheren Umgebung beieinander wohnen, die ständige Benutzung des Telefons erweckt jedoch den Eindruck, als lägen Kontinente zwischen ihnen. Im Grunde genommen wird dabei die Idee des *Fern*sprechers unterwandert, der hier eigentlich zum *Nahsprecher* wird. *Tele*-fonieren heißt in *Denise Calls Up* nämlich nicht, dass man „weite Strecken überbrückt, wie man (naiverweise) annehmen könnte“ (Wulff: 1991b, 81), sondern dass Sender und Empfänger gerade Mal ein paar Blocks weiter in ihren Wohnungen sitzen. Trotzdem ist das Telefon die einzige Verbindung zwischen den Freunden, ohne seine Vermittlung würden sämtliche Beziehungen wahrscheinlich im Sande verlaufen. Aber sind die Freundschaften, die das Telefon vermittelt, wahre Freundschaften im Anbetracht dessen, dass außerhalb des virtuellen Gesprächsraums keinerlei Platz für ein leibliches Zusammenkommen übrig bleibt? Oder ist das Telefon nicht vielmehr „eine Versicherungsmaschine gegen das Risiko, in Begegnungen durch zu viel fremde Nähe bedrängt zu werden und womöglich enttäuscht“ (Genth/Hoppe: 1986, 6)? Sicher ist, „es hält Nähe fern. Und fördert dadurch die Täuschung, damit sie nicht zur Enttäuschung wird“ (Genth/Hoppe: 1986, 6). Wieder einmal zeigt sich die Ambivalenz des Telefonierens in seiner ganzen Bandbreite. Das Telefon schafft Verbindungen, die sich jedoch nicht festigen können, weil sie nur für den Zeitraum des Telefonats existieren. In Wirklichkeit sind die Protagonisten emotional weit voneinander entfernt. Auch die Montage spiegelt ihre Entfernung wider, denn in ihren Telefonaten werden die sieben Freunde stets im Cross-Cut-Verfahren abgebildet. Dies verdeutlicht umso mehr ihre Abkapselungen. Jeder ist für sich in

---

[10] *Denise Calls Up* (Hal Salwen, 1995) ist die Geschichte von sieben Bekannten, die zwar ständig in telefonischem Kontakt miteinander stehen, sich jedoch niemals wirklich treffen. Termine für ein Wiedersehen werden zwar laufend organisiert, finden jedoch nicht statt. Sämtliche Freuden, Sorgen und Probleme werden über das Telefon ausgetragen. Sogar eine Geburt wird – via Konferenzschaltung – an alle Empfänger übermittelt. Als eine der Frauen bei einem Autounfall stirbt, steht ihre Beerdigung an, doch die einzige Frage lautet nun: Gehst Du hin?

seiner eigenen Einstellung präsent. Eine Split-Screen-Montage würde die Protagonisten auf der Leinwand verbinden, was kinematografisch gesehen einer Begegnung von Angesicht zu Angesicht schon sehr nahe käme. In der Diegese von *Denise Calls Up* ist eine Annäherung jedoch gar nicht geplant. Stattdessen wird die Entfernung zur Grundlage der Dramaturgie – und das im wahrsten Sinne des Wortes als Entfernung der Nähe und Körperlichkeit. Das Telefon bietet sich als idealer Wegbereiter für das Verschwinden von Nähe und Körperlichkeit an, denn es generiert „zwei einseitige Gespräche, die sich nur im virtuellen Raum treffen" (Peters: 2000, 71). Während sie telefonieren, geben sich die Protagonisten „das innige Einverständnis im Aneinandervorbeireden zu dem Zweck, sich nicht zu treffen. Die Sätze zweigeteilt, entzweit, die Sprache in Bruchstücken" (Genth/Hoppe: 1986, 55) – das Wesen der telefonischen Kommunikation selbst verweigert sich der Nähe und der Vereinigung seiner Gesprächspartner. So zeichnet sich mehr und mehr ab, dass sich die Protagonisten niemals treffen werden, „weil die Geschwindigkeit der totalen Vernetzung die langsameren Gefühlsströme überrundet hat und ihr Angeschlossensein in Abgeschottetsein verwandelt hat" (Feldvoß: 2000, 212). Selbst als Gale bei einem Autounfall ums Leben kommt, traut sich keiner der Freunde bei der Beerdigung zu erscheinen. Via Telefon berichtet man sich, wie sehr man hingehen wollte, aber leider nicht konnte. In den meisten Fällen muss die Arbeit als Ausrede herhalten. Vielleicht haben sich die Freunde schon so sehr abgekapselt, dass eine Rückkehr aus dem telefonischen Raum ins wahre Leben nicht mehr so leicht möglich ist. Das Telefon bietet immerhin eine Menge Sicherheiten, die das wahre Leben nicht bereithält. Im telefonischen Raum ist man immer auf eine Art geschützt. Man erfährt Nähe und hält doch Distanz. Wird einem die technisch vermittelte Nähe trotzdem zu viel, kann man die Verbindung mit einem simplen Tastendruck unterbrechen und es auf eine technische Störung schieben, wie es Barbara tut. Und wenn man, wie Barbara, gar nicht sprechen will, legt man den Hörer einfach neben das Telefon und täuscht anderweitige Telefonate vor. So kann man sich einfach aus der Affäre ziehen, ohne jemanden zu verletzen. Das Telefon bietet eine Menge Möglichkeiten, sich aus Situationen zu winden, denen man bei einem wirklichen Treffen vielleicht gar nicht gewachsen wäre. Aber lässt es dadurch die Protagonisten nicht auf eine Art emotional verkrüppeln, weil sie sich nie ernsthaft mit Konflikten auseinander setzen, an denen sie bestenfalls sogar reifen könnten? Fest steht, in *Denise Calls Up* scheut man körperliche Auseinandersetzungen. So verwirft Denise auch schnell die Idee, den richtigen Mann zu finden, eine lange stabile Beziehung mit ihm aufzubauen, um dann irgendwann mit ihm

Nachwuchs zu planen, sondern geht direkt zur Samenbank und verhilft sich einfach selbst zum Wunschkind. Nachwuchs ohne Geschlechtsverkehr – das ist im digitalen Informationszeitalter nicht mehr nur der Gottesmutter Maria vorbehalten. Selbst ist die Frau. Dass das Baby später den Namen Aphrodite trägt, ist eine dezente und doch nachwirkende Anspielung darauf, dass körperliche Liebe bei der Zeugung ja überhaupt nicht im Spiel war. Wie die gesamte Kommunikation, die ganzen Beziehungen, so kann auch Nachwuchs nur durch technische Vermittlung entstehen. In der rasanten Geburtssequenz sind trotzdem alle Freunde ganz nah dabei und leisten Beistand (TC 0:58:41-1:01:18). Der „Telefontreff' als private Konferenzschaltung" (Hess-Lüttich: 1990, 293) macht es möglich. Wieder einmal zeigt sich: Die körperliche Anwesenheit wird in *Denise Calls Up* obsolet, denn „die Verwendung des Kupferdrahts als Ausdehnung der menschlichen Stimme führt zu einem bemerkenswerten Ergebnis: Er läßt den menschlichen Körper als Hardware veralten." (McLuhan: 1995, 162). In *Lost Highway* wird dagegen nicht nur die Körperlichkeit, sondern das gesamte Prinzip der Fernmündlichkeit obsolet, denn im Telefonat mit dem Mystery Man ist dieser vor Ort, also leiblich anwesend und gleichzeitig von der Ferne über das Handy zugeschaltet. Dadurch wird das Wechselverhältnis von Nähe und Ferne komplett aufgehoben – beides ist gleichwertig existent, geht ineinander über, wird eins.

2.2. Anonymisierte Intimitäten

Wie ein Telefon das Wechselspiel zwischen Nähe und Ferne generiert, so findet während eines Telefonats auch stets eine Vermischung von Anonymität und Intimität statt. Dies hängt zum einen damit zusammen, dass ein eintreffendes Telefonat immer in die private Situation des Angerufenen einfällt. Zum anderen fließt Anonymität in das spätere Telefongespräch mit ein, weil die Gesprächspartner nicht alles wahrnehmen können, was am anderen Ende der Leitung vor sich geht. Das Fehlen der visuellen Wahrnehmung bedeutet, dass dieser Teil durch das Telefon anonymisiert, bzw. „weggeblendet" wird. In einem mehr oder weniger privaten Gespräch befinden sich die Telefonpartner somit immer im Bereich zwischen Intimität und Anonymität. Dieses Phänomen kann im Film bewusst ausgenutzt werden, um beispielsweise eine intime Situation via Telefon zu anonymisieren, oder eine intime Situation durch den Einbruch des Anonymen zu zerstören.

Ein Beispiel für die anonymisierte Intimität liefert der Film *Paris, Texas*: In der finalen Aussprache zwischen Travis und Jane (TC 1:53:55-2:13:50 / EP S. 131-142) ist schon allein der Ort des Zusammentreffens, die Peepshow, ein Ort der Verschleierung und Anonymität, schließlich ist es Jane nicht möglich, von ihrer Kabine aus durch die Trennscheibe zu schauen, da diese auf ihrer Seite mit einem Einwegspiegel beschichtet ist. Zusätzlich hat sie auch stimmlich keinen direkten Kontakt mit dem Voyeur, sondern kann nur durch eine Sprechanlage mit ihm kommunizieren, die ihre Stimme technisch verzerrt und verfremdet. Doch für Travis reicht diese Anonymisierung nicht aus, für das, was er ihr sagen möchte. So stellt er absichtlich eine Situation her, die einem echten Telefonat gleicht: Er dreht sich mit dem Rücken zur Trennscheibe und verweigert sich der visuellen Wahrnehmung, womit er auch dem Grundgedanken der Peepshow eine Absage erteilt. Travis will weder sehen, noch hören, er will auch nicht gesehen, sondern einfach nur gehört werden und das Telefon soll seine Worte kanalisieren. So wird das Telefon in *Paris, Texas* zur Anonymitätsmaschine, die den intimen Moment erst möglich macht. Die anonyme Basis, die das Telefon schafft, ist wie gemacht für die Seelsorge. Intimes kann und darf aus den Tiefen der Seele an die Oberfläche gelangen, wo es jedoch nicht öffentlich zur Schau gestellt, sondern in den Mantel der Anonymität gehüllt wird. Jane schenkt Travis, den sie anfangs noch nicht erkennt, ein offenes Ohr. Sie scheint in der Tat eine professionelle Zuhörerin zu sein, wenn sie sagt: „Sie können es mir ruhig sagen, ich werde es nicht weitererzählen (TC 1:40:53-1:40:55). [...] Entspannen Sie sich und erzählen Sie mir einfach, was Ihnen so durch den Kopf geht“ (TC 1:43:53-1:43:56). Wieder drängt sich das Bild einer Therapiesituation auf und wieder nimmt ein Familienmitglied die Rolle des Therapeuten ein. Jane hilft Travis, sich zu erinnern, seine letzte Erinnerungslücke zu schließen. Im Grunde ist dies das Verfahren einer Analyse, denn „die Aufgabe des Analytikers besteht darin, das, was vergessen und verdrängt ist, dem Patienten wieder in Erinnerung zu bringen“ (Wirth: 2000, 171). Mit Janes Hilfe kann sich Travis schließlich an den traumatischen Brand erinnern, und auch an sein Verschwinden. Das Telefon spielt in dieser Therapie-artigen Situation eine erhebliche Rolle. Schon Sigmund Freud griff auf die Metapher des Telefons zurück, um das Verfahren der Analyse zu beschreiben. So schildert er beispielsweise in seinen „Ratschlägen für den Arzt bei der psychoanalytischen Behandlung“: Der Arzt „soll dem gebenden Unbewußten des Kranken sein eigenes Unbewußtes als empfangendes Organ zuwenden, sich auf den Analysierten einstellen, wie der Receiver des Telephons zum Teller eingestellt ist“ (Freud: 1975, 175). Jane, die von sich sagt „ich bin wirklich gut im Zuhören“ (TC 1:39:04-1:39:06), ist voll und ganz auf das, was Travis erzählt, eingestellt. Da sie ihn weder sieht noch erkennt, widmet sie sich seiner Geschichte widerstandslos, macht sich empfangsbereit. Verweilt man noch ein wenig in der Analogie von psychoanalytischer und telekommunikativer Technik, so könnte man sagen, dass Travis' innere Verwirrungen und „Widerstände, die die ›interne Kommunikation‹ verhindern“ (Wirth: 2000, 177), im therapeutischen Gespräch mit Jane nach außen verlagert und entknotet werden. Oder besser gesagt:

> Dort, wo im ›Haustelefon‹ der Seele keine Verbindung zustande kommen kann, leitet die Analyse den internen Anruf sozusagen über ein externes Amt um. Das ist im doppelten Sinne das Amt des Analytikers, der so die Rolle des Fräuleins vom Amt übernimmt (Wirth: 2000,177).

Nach und nach erkennt sich Jane in Travis' Geschichte wieder, doch auch sie kann ihre Beichte nur durch die technische Anonymisierung realisieren. Das Telefon, der Einwegspiegel und die Gegensprechanlage schaffen eine anonyme Basis, die gleichzeitig Intimität zulässt. Und dies ist genau die Basis, die telefonische Seelsorge erst ermöglicht. Sie hilft, dass sich Travis und Jane öffnen und erinnern können, um so ihre ganz eigenen Traumata zu überwinden.

Dass die anonymisierende Wirkung des Telefons bei gleichzeitiger Intimität dramaturgisch auch in einem ganz anderen Bereich umsetzbar ist, zeigt die Telefonsex-Sequenz in *Denise Calls Up*. So weit Telefonsex und Telefonseelsorge auch auseinander liegen mögen – basieren sie doch auf demselben Prinzip der anonymen Intimität und intimen Anonymität. Schon in *Paris, Texas* zeichnen sich diese Parallelen ab, wenn die Peepshow zum Schauplatz der Seelsorge wird. Währenddessen ist es in *Denise Calls Up* längst nicht mehr verwunderlich, dass die Protagonisten auf diese technische Spielerei zurückgreifen, da körperlicher Kontakt überhaupt nicht mehr stattfindet. Die Telefonsex-Sequenz (TC 0:45:23-0:49:16 / EP S. 145-149) wird gezielt vorbereitet, indem sich von Anfang an eine telefonische Annäherung zwischen Barbara und Jerry entwickelt. Beide haben sich noch nie zuvor gesehen und ein persönliches Treffen scheint sowieso nicht realisierbar, da beide immer wieder neue Ausreden erfinden, um sich aus dem Weg zu gehen. Das Telefon ist daher wie gemacht für (Ver-)Bindungsängste dieser Art. Denn es hält stets die Balance zwischen Intimität und Anonymität. Von diesem Punkt aus ist der Schritt zum Telefonsex dann auch nur noch ein Katzensprung. „Es ist eine unkomplizierte Sache – anonym, sauber, ohne Körperkontakt und ohne AIDS-Risiko“ (Köhler/Wulff: 2000, 133). Hingabe ist hier nicht der Gefahr unterworfen, enttäuscht oder verletzt zu werden. Das erotische Telefonat zwischen Barbara und Jerry gestaltet sich anfangs wie jedes andere. Barbara, die zu dieser Zeit auf Geschäftsreise ist, sitzt in einem Hotelzimmer auf dem Bett, während Jerry einmal mehr im Pyjama in seiner Wohnung herumlungert. Die üblichen Fragen der Befindlichkeit wechseln schnell die Richtung, als Barbara fragt, was sie denn bloß anziehen soll. Jerry reagiert interessiert, woraufhin Barbara fragt, ob sie ausziehen soll, was sie gerade trägt. Mit einem Mal ist beiden klar, wohin dieses Gespräch führen wird. Die typische Telefonfrage *was machst Du gerade?* wird in diesem Augenblick neu kodiert. Beide tasten sich tiefer in das Sprachgebiet der sexuellen Konnotationen vor. Und immer wieder ist da die Ironie, die durch die Dialoge scheint und uns daran erinnert, dass alles bloß technisch vermittelt ist. So fragt Barbara Jerry, wie denn die Temperatur in seinem Zimmer sei, worauf er antwortet, es sei warm und feucht. Daraufhin grinst Barbara und sagt: „Zu viel Feuchtigkeit schadet den Elektronikgeräten“ (TC 0:48:38-0:48:40 / EP S. 148). Mittlerweile glüht der Draht und das Telefon fördert das Spiel mit der Fantasie. Da man sich den Gesprächspartner per se imaginieren muss, um ihn so mitsamt seiner Stimme als Ganzes begreifen zu können, sind dem fantastischen Spiel keine Grenzen gesetzt. Und: „Der Wegfall von Informationselementen über den jeweiligen Partner und das Vertrauen in die Flüchtigkeit des (nur gesprochenen) Worts fördert auch den Abbau von Hemmschwellen“ (Zerdick: 1990, 12). Das alles macht das Telefon zu einem „Medium der größtmöglichen Freiheit“ (Spohn: 2000, 101). Und das ist es wahrscheinlich auch, was den Reiz von Telefonsex ausmacht: Im gegenseitigen „Identitätsspiel“ (Köhler/Wulff: 2000, 133) kann jeder das sein, was er sein möchte. Aus Barbaras rot-weiß-karierten Wollsocken werden so im Handumdrehen ein rotes Seidenhemdchen und ein süßer Lollipop. Auch Jerry ist angetan von dem, was sich da vor seinem geistigen Auge auftut. Zudem „erscheint diese Art von Erotik weitgehend gefahrlos und mit geringstem Aufwand verbunden“ (Apraku: 2000, 176). Jeder kann dabei seinen Traumpartner visualisieren, wie er es gerade möchte. Das Telefon passt sich der neuen Situation an, als hätte es nie etwas anderes getan. Schließlich sind die Sinne, die das Telefon bevorzugt anspricht, auch diejenigen, die beim realen Liebesspiel zum Einsatz kommen. So werden das Ohr und die Lippen auch im telefonischen Liebesspiel zu erogenen Zonen und sogar das Telefon selbst erweist sich für Jerry und Barbara als Liebesdiener, der sich in Großaufnahmen mit seinem Kabel um die erregten Körper windet. Dabei wird der Hörer, zweifelsohne ein Phallussymbol, zusätzlich zur Stimulanz der Sinne eingesetzt. Am Morgen danach liegt Barbara nackt in ihrem Hotelbett, das Telefon im Arm, die rot-weiß-karierte Wollsocke darüber gestülpt. Jerry ruft sie an, um ihr einen guten Morgen zu wünschen, als läge er direkt neben ihr und würde sie wecken. Er selbst liegt nackt auf seinem Bett, das Telefon bedeckt wie ein Feigenblatt seinen Schambereich. Es herrschen keine Peinlichkeiten und kein Bereuen liegt in der Luft. Denn was zwischen den beiden passiert ist, ist eigentlich nur ihren „Pseudo-Ichs“ (Köhler/Wulff: 2000, 133) widerfahren. Das Telefon macht es möglich: Was im Raum der telefonischen Wahrnehmung passiert, ist ein Individualerlebnis. Der Gesprächspartner stimuliert die Fantasie, kommt einem jedoch nicht nahe. Das Telefon bewirkt lediglich, dass „moderne Einsamkeit zur imaginären Zweisamkeit erweitert“ (Genth/Hoppe: 1986, 6) wird. Doch was auf der einen Seite ein hohes Maß an Freiheit verspricht, verhindert im Gegenzug jedoch, dass sich die Beziehung zwischen Barbara und Jerry festigen kann. So scheint auch schon wenig später im Film wieder alles aus und vorbei zu sein. Jerry beschwert sich bei Martin über Barbara, sagt, sie habe in ihrem letzten Erotik-Talk nur simuliert. Barbara hingegen heult sich bei Linda aus. Sie sagt, Jerry erdrücke sie mit seiner Liebe. Er rufe drei Mal täglich an. „Da ist er wieder, der zweideutige und doch so anziehende Herzschlag des Mediums: [...] Der Draht ist heiß, doch manches verdampft dazwischen“ (Bräunlein: 2000, 153).

Die Vermischung von Anonymität und Intimität ist auch ein großes Thema in *Pillow Talk*[11]. Dort werden wir Zeuge, wie die frisch verliebten Jan und Brad alias Rex in der Badezimmersequenz einen sehr vertrauten Moment miteinander teilen (TC 0.50:01-0:51:25 / EP S. 127-130). Das Telefon nimmt dabei eine entscheidende Funktion ein, indem es zwei Menschen, die sich gerade erst kennengelernt haben, in einem intimen Augenblick miteinander verbindet, ohne dabei indiskret zu sein. So ist es auch im prüden Amerika der 50er durchaus legitim, dass Jan und Brad zusammen

[11] *Pillow Talk* (Michael Gordon, 1959) ist eine romantische Verwechslungsgeschichte, in der ein gemeinsamer Telefonanschluss zwischen dem Frauenschwarm Brad Allen und der Innenarchitektin Jan Morrow für viel Verwirrung sorgt. Brad nutzt das Telefon, um seine etlichen Verehrerinnen mit dem immer gleichen Liebeslied zu bezirzen, wodurch er aber stundenlang die Telefonleitung blockiert und die genervte Jan zur Weißglut bringt. Während diese Brad für einen chauvinistischen Telefoncasanova hält, sieht er sie als verklemmte Langweilerin an. Dies ändert sich jedoch schlagartig, als er sie zum ersten Mal in natura sieht. Um Jan für sich zu gewinnen, startet Brad einen geschickten Eroberungsfeldzug via Telefon, bei dem er sich als Rex Stetson ausgibt, einen Texaner mit Anstand und Höflichkeit, der das exakte Gegenteil von Brad Allen verkörpert.

einem Schaumbad frönen, da das Telefon die Privatsphäre des anderen zu wahren weiß. In der Badezimmersequenz fungiert es wie ein Vorhang, der das Gegenüber verschleiert. Passenderweise sind diese Einstellungen auch von einem Vorhang eingerahmt, der sich rechts und links am Bildrand befindet. Doch während das Telefon im einen Moment zum schützenden Objekt wird, kann es im nächsten Moment genauso für diverse Versteckspiele und Täuschungsmanöver genutzt werden, denn wie ein Vorhang vermag es Dinge nicht nur diskret zu verhüllen, sondern auch dreist zu verbergen. Auf diese Weise startet Brad mit Hilfe des Telefons seinen geschickten Eroberungsfeldzug: Fortan umschwärmt er Jan über das Telefon als Rex, während er als Brad absichtlich Vermutungen und böse Vorahnungen über Rex streut. Diese Telefongerüchte widerlegt er anschließend als Rex in ihren leibhaftigen Rendezvous und kann so das Geschehen von vorne herein steuern. Der Zuschauer durchschaut die Lügengeschichten, da er dank diverser Split-Screen-Techniken auf dem Laufenden gehalten wird. Jan bleibt dagegen im Unklaren und unterliegt Brads Täuschung, da sie den Raum der Telekommunikation und den der leiblichen Wahrnehmung getrennt erlebt. Es sind jedoch genau diese Kontraste, „die aus der Differenz von Wahrnehmungs- und Kommunikationsraum ein komödiantisches Kapital schlagen" (Wulff: 1991b, 66) und für den Zuschauer den Reiz von *Pillow Talk* ausmachen. An dieser Stelle könnte man sich fragen, ob das Telefon nicht auch hier zu den Vertretern der *mächtigen Telefone* gehört. Denn es gibt Filme, so meinen Patrick Bennat und Karl-Dietmar Möller-Naß, in denen das Telefon/ieren so präsent ist, eine so tragende Rolle spielt, dass sich ein Telefonplot konstituiert. Doch kann sich *Pillow Talk* in diese Riege einfügen? Genau genommen könnte der Plot auch ohne das Telefon auskommen. Die romantische Idee zweier Menschen, die sich anfangs nur vom Hören(sagen) kennen, sich unsympathisch sind und später über Irrungen und Wirrungen doch noch zueinander und zum Happy End finden, wurde im Film erdenklich oft auch ohne telefonischen Beistand umgesetzt. Bennat und Möller-Naß machen daher im Hinblick auf *Pillow Talk* deutlich,

> daß das Telefon [...] zwar ein wichtiger, aber kein obligatorischer Bestandteil des Plots ist: das Telefon ist [...] das ‚Gemeinsame', das [...] [die Protagonisten], ohne daß sie in persönlichen Kontakt kommen, in eine antagonistische Beziehung bringt (Bennat/Möller-Naß: 1991, 236).

Pillow Talk ist jedoch deshalb eine so pikante Geschichte, weil hier das Telefon in die Liebesromanze eingeflochten ist. Auch wenn es keine Hauptrolle einnimmt und der Plot recht leichtfüßig daher kommt, führt es doch vielschichtige Funktionen aus. Zwischen Anonymitäts- und Intimitätsmaschine stehend unterstützt es die turbulente Liebesromanze auf dem Weg durch das Wirrwarr der Identitäten.

Wie Brad, so nutzt auch Tony die anonymisierende Wirkung des Telefons in *Dial M for Murder* dazu, seinen Telefonpartner – und in gewisser Hinsicht auch den Zuschauer – zu täuschen. Wenn er zu Beginn des Films einen Anruf tätigt (TC 0:08:47-0:10:08), so ist es noch völlig unklar, dass sich daraus der spätere Mord an Margot ergeben wird. Doch immer mehr Ungereimtheiten veranlassen den Zuschauer dazu, das gesamte Motiv des Telefonats in Frage zu stellen. Zum einen wäre da die Tatsache, dass sich Tony als Mr. Fisher ausgibt, zum anderen seine angebliche Knieverletzung. Rückblickend stellt sich heraus, dass auch Swann eine falsche Identität angegeben hatte und der vermeintliche Autokauf in Wirklichkeit nur ein Vorwand war, um Swann in Tonys Wohnung zu locken. An dieser Stelle wird deutlich, dass ein Telefonat trotz seiner makellosen äußeren Strukturen einen Inhalt bergen kann, der diesen Strukturen gänzlich widerstrebt. Das Gesagte mag dann zwar in die konventionellen Benimmregeln am Telefon eingebettet sein, wird jedoch vom eigenen Inhalt unterjocht. Will heißen, dass der Zuschauer im filmischen Telefonat (wie auch im realen) die Bedeutung und Motivation, die hinter dem Telefondialog stehen, nicht immer sofort zu greifen bekommt. Im Telefonat zwischen Tony und Swann wird dem Zuschauer auch erst nach und nach die Intention klar, die hinter dem Telefonat steht. Dafür trifft sie ihn dann aber umso intensiver, wenn er erkennt, dass dies eigentlich ein Verkaufsgespräch ist, welches nicht Swanns Auto, sondern Margots Mord zum Gegenstand hat. Montagetechnisch wird die Sequenz nicht in einer Parallel-Montage gezeigt, stattdessen lässt Hitchcock Swann vorerst im Verborgenen, schickt nur dessen Stimme vor. Tonys Bild beherrscht stattdessen die Sequenz, er ist hörbar und sichtbar, nimmt daher eine prominente Stellung ein. Nach Michel Chion ist er der „proxi-locutor" (Chion: 1999, 64), Swann dagegen der „tele-locutor"(Chion: 1999, 64). Da der Zuschauer nur dessen verzerrte Stimme wahrnimmt, ist er gezwungen, sich den dazugehörigen Körper zu imaginieren, um so ein harmonisches Ganzes zu erlangen. Wahrscheinlich hält Hitchcock Swann am Anfang bewusst bedeckt, um seine wahre Identität erst nach und nach gemeinsam mit Tonys ausgeklügeltem Mordplan zu entfalten. Zwar ahnt der Zuschauer, dass etwas passieren wird, weil er sich über Tonys angegebene Knieverletzung wundert, doch mit einem Mordauftrag rechnet er nicht. Hitchcock schafft es, Swanns Identität durch das anonymisierende Telefonat so lange wie möglich zu verbergen, um den Zuschauer dann umso stärker mit der Wahrheit zu überraschen. Auf die gleiche Weise enthüllt er Tonys eigentliche Beweggründe, die dadurch verzögert ans Licht kommen. Wenn sich der eben noch souveräne Geschäftsmann in den mordlustigen Auftraggeber verwandelt, ist das für den Zuschauer ein Moment der Verblüffung und des Grauens. Durch das vermeintlich harmlose Telefongespräch zwischen Tony und Swann verstärkt Hitchcock den späteren Überraschungseffekt.

Bereits an dieser Stelle wird deutlich, dass die anonymisierende Funktion des Telefons vom diskreten Verhüllen bis hin zum arglistigen Verbergen alles beinhalten kann. War es eben noch der Privatsphäre dienlich, kann es sie im nächsten Moment verletzen, denn durch seine ambivalenten Grundzüge ist es per se immer *beides*. Daher lässt es sich auch nicht in eine bestimmt Kategorie zwängen. Im Zusammenspiel von Anonymität und Intimität können immer auch verborgene Machtstrukturen stecken, denn sobald etwas Anonymes, wie beispielsweise ein anonymer Anruf, in eine intime Situation bewusst einbricht und sie zerstört, legt dies auch indirekt die Machtverhältnisse frei, die sich aus der Situation ergeben. Außerdem kann es bei einem Telefonat auch vorkommen, dass die Intimität durch das fremde Mithören privater Gespräche verletzt und die Privatsphäre gestört wird. Ein mithörender Dritter wird so schnell zum ungenierten Lauscher.

In *Pillow Talk* ist das Lauschen allgegenwärtig. Es wird absichtlich, unabsichtlich und absichtlich unabsichtlich in die Leitung gehorcht. Jan stellt die unfreiwillige Lauscherin dar, die, wann immer sie zum Hörer greift, Brad in der Leitung vorfindet, der seinerseits mit einer Verehrerin telefoniert. Denn „die Pikanterie beim Telefon-Nebenanschluß besteht darin, daß, wer immer versucht zu telefonieren, er gezwungen ist, in das kommunikative Verhalten des Nachbarn einzudringen, er wird sozusagen automatisch zum ‚Lauscher'" (Wulff: 1991b, 97). Allmählich kann man jedoch auch ein wachsendes Interesse in Jans Verhalten ablesen, denn immer seltener legt sie sofort wieder auf, wenn sie die Leitung blockiert vorfindet, sondern bleibt noch eine Weile länger am Hörer und gibt sogar hin und wieder erboste Kommentare in die Leitung ab, was die bereits etablierte Dyade zwischen Brad und seiner Verehrerin zur Triade formt und für entsprechende Verwirrung bei Brads Telefonflirt sorgt. Auf der Bildebene wird dieses telemediale Ereignis durch die Technik des Split-Screen-Verfahrens umgesetzt, indem der Bildkader in drei gleich große Dreiecke geteilt wird, bei denen Jan das mittlere einnimmt und somit – im wahrsten Sinne des Wortes – zwischen den anderen beiden Gesprächsteilnehmern steht (TC 0:04:29-0:05:49). Die Tatsache, dass Jan Brads Verehrerinnen den Rücken, oder besser gesagt: die kalte Schulter zeigt und stattdessen Brad zugewandt ist, sagt bildlich schon früh aus, was sich später bewahrheiten wird, wenn die beiden ein Paar werden.

Brad lauscht im Gegensatz zu Jan nicht im eigentlichen Sinne, sondern inszeniert das Lauschen, um seine Doppelidentität Brad/Rex aufrechterhalten zu können. So gibt er sich in den Telefonaten mit Jan als Rex und als Brad aus, und tut dabei so, als habe Brad zufällig ein Telefonat zwischen Jan und Rex belauscht und fühle sich massiv vom Telefongeturtel der beiden gestört. Die Täuschung, die Brad durch das absichtlich unabsichtliche Belauschen aufbaut, ist Teil seines geschickten Eroberungsfeldzugs. Möglich wird dies vor allem durch die Vorzüge, die das Telefon/ieren anbietet, da „der telefonische Kommunikationsraum“ und „der leibliche Wahrnehmungs- und Handlungsraum“ (Wulff: 1991b, 63) beim Telefonat nicht zusammenfallen. Für den Zuschauer, der per se lauscht, ist die Differenz von Kommunikations- und Handlungsraum des Telefonats aufgehoben, da ihm die Split-Screen-Montage beide Seiten offenlegt. Er durchschaut die Täuschung, ist mit einem Mehrwissen gesegnet und kann sich beruhigt zurücklehnen und der Darbietung lauschen, wie es Alma tut, Jans neugierige Haushälterin. Sie genießt sichtlich Brads romantische Liebesschwüre, die sie tagtäglich wie selbstverständlich über die Hausleitung belauscht. Sie bleibt jedoch im Verborgenen, wird auch bildlich nicht im Split-Screen-Verfahren gezeigt, denn sie ist voll und ganz Lauscher, d.h. konzentriert sich ausschließlich auf den akustischen Raum. Außerdem sorgt Almas Lauschen für einen komödiantischen Effekt in *Pillow Talk*, da sie immer wieder dabei auf frischer Tat ertappt wird – von Jan und vom Zuschauer. Doch daran stört sich Alma nicht. Für sie sind es leidenschaftliche Hörspiele, die sie dargeboten bekommt. Sie ist ein akustischer Voyeur und die belauschten Gespräche sind Teile ihrer täglichen Tele(fon)novela. Lauschen wird für sie zum sinnlichen Moment. Auch Marshall McLuhan hat schon auf die Sinnlichkeit des Telefons verwiesen: „Französisch ist deswegen die ›Sprache der Liebe‹“, sagt er, „weil es Stimme und Gehör in besonders enger Form vereinigt, wie das auch beim Telefon der Fall ist“ (McLuhan: 1968b, 289). So erobert Brad mit Leichtigkeit auch Almas Herz über das Telefon, was sich später zu seinen Gunsten erweisen soll, als sie ihm den entscheidenden Ratschlag gibt, wie er Jan zurückgewinnen kann.

In *Phone Booth* geschieht die bewusste Zerstörung der Intimität durch den Anruf des anonymen Psychopathen. Hier bricht das Anonyme ganz plakativ in das Intime ein und übernimmt die Oberhand. Dramaturgisch wird in den ersten Minuten des Films die Intimität schrittweise aufgebaut, um sie schließlich mit einem Mal – oder mit einem Anruf – zu zerstören. Wir folgen Stu im Wirrwarr des *Urban Life* aus den überfüllten Straßen von New York in eine abgeschiedene Seitengasse und schließlich in *seine* Telefonzelle. Dort streift er sein bisheriges Leben samt Ehering ab und ruft seine Geliebte Pamela McFadden an. In der Anonymität des Big Apple wird die Telefonzelle zum abgeschiedenen Kokon, zur intimen Kabine. Stu schließt die Tür fest hinter sich – nichts soll von der Intimität nach außen dringen und nichts von der Anonymität nach innen. Nach dem Telefonat mit Pamela ändert sich die Situation schlagartig. Das Telefon klingelt und Stu nimmt ab (TC 0:11:22 / EP S. 171). Von da an übernimmt der anonyme Anrufer die gesamte Kontrolle über das weitere Geschehen. Der intime Moment von eben ist zerstört und die Anonymität wird zur finsteren Bedrohung. Hatte Stu die Kabine eben noch fest hinter sich verschlossen, reißt er sie nun auf und tritt vor die Tür, als wolle er dem Grauen entkommen. Doch niemand schert sich so richtig um ihn, Passanten laufen an der Zelle vorbei, das Großstadtleben geht weiter, während er vom psychopathischen Serienkiller weiter unter Druck gesetzt wird. Dies führt soweit, dass er Stu befiehlt, seine Lebenslügen vor der Öffentlichkeit zu beichten. Auch an dieser Stelle wird deutlich, wie in der Intimitätsverletzung inhärente Machtstrukturen verborgen sein können. Kehrt sich der Eingriff in den privaten Raum zur Schädigung der Privatsphäre, schlägt Intimität, sofern sie ungewollt ist, schnell in Bedrohung um. Diese Bedrohung wird auch in *A Perfect Murder* thematisiert, wenn Stevens Stimme aus dem Lautsprecher des Anrufbeantworters tönt und den intimen Moment zwischen Emily und David zerstört. Steven ist zwar nicht in diesem Maße anonym, wie es bei dem Anrufer in *Phone Booth* der Fall ist, doch das Telefon anonymisiert ihn insofern, als dass es seine Präsenz verschleiert und nur seine Stimme überträgt. Der Effekt ist nicht minder bedrohlich, denn auch Steven zieht die Fäden aus dem Hintergrund und entblößt ein verbotenes Treffen. Da immer auch Macht im Spiel ist, wenn der private oder intime Raum bewusst von außen verletzt wird, müssen an dieser Stelle auch die Filme *Metropolis*, *Wall Street* und *Lost Highway* erwähnt und einbezogen werden. In *Metropolis* greift

Fredersen in Grots Arbeitsbereich ein und befiehlt ihm gegen seinen Willen, die Tore des Maschinenraums zu öffnen. Als erster Werkmeister ist der Maschinenraum zu Grots eigenem Schaffensraum geworden. Fredersen dringt per Bildtelefon in diesen ein, womit er zum anonymen Beobachter wird. Er steht damit dem anonymen Anrufer in *Phone Booth* in nichts nach, da auch dieser Stu von Weitem beobachtet. In *Wall Street* kann man Gekkos Wake-Up-Call als ähnliches Beispiel benennen. Dort dringt er in Buds Privatsphäre ein, indem er ihn aus dem Schlaf reißt, während er vom Strand aus eine gottgleiche Position einnimmt. Durch sein Mobiltelefon ist er ebenso wenig lokalisierbar wie der psychopathische Anrufer in *Phone Booth*, übt aber mindestens genauso viel Macht auf Bud aus, indem er ihm suggeriert, dass dieser unter seiner Beobachtung stehe und fortan Leistung zu erbringen habe. In *Lost Highway* vermischen sich Macht, Ohnmacht, Intimität und Anonymität gänzlich. Der Mystery Man fällt telefonisch und leiblich in Freds privaten Raum ein, und mehr noch: er nimmt ihn ganz für sich ein. Akustisch wird dies auch an der Schallglocke deutlich, die sich über die beiden stülpt – beide sind nun in einem Raum, der abgetrennt ist von der Umgebung. Fred hat den kleinen Mann mit dem weiß geschminkten Gesicht noch nie zuvor gesehen, während jener beteuert, er sei schon in dessen Haus gewesen. An dieser Stelle reichen sich Anonymität und Intimität die Hand. Während des unheimlichen Telefonats werden die Vermischungen der Räume und das Spiel mit Macht, Ohnmacht, Anonymität und Intimität schließlich ad absurdum geführt: Alles existiert gleichzeitig.

2.3. Kommunikationsnetze zwischen Auffangen und Einfangen

Telefonisch generierte Verbindungen und Beziehungen stehen immer in engem Bezug zum Kommunikationsnetz, das Anrufer und Angerufenen miteinander verwebt. Dieses Netz verspricht Halt und Sicherheit, kann im gleichen Augenblick jedoch auch diejenigen durch seine groben Maschen fallen lassen, die sich nicht festhalten können. Wer sich seinen Platz im Netz sichern will, muss die richtigen Kontakte haben, mit Informationen versorgt werden und sich in eine direkte Erreichbarkeit begeben. Dabei besteht jedoch auch immer die Gefahr, dass man sich von eben jenem Netz abhängig macht.

Paris, Texas verbindet eindrucksvoll die Motive des Straßen- und des Telefonnetzes miteinander, um sich dem Kommunikationsproblem zwischen Travis und Jane anzunähern. Wenn Travis neben riesigen Telegrafenmasten die unendlich langen Straßen entlangfährt, dann wird eines ganz deutlich: Die Infrastruktur der Kommunikation und des Verkehrs sind „*einer* leitenden Idee verpflichtet. Es ist keine andere als die alte Idee des Netzes. Das Straßennetz oder das Kanalnetz, das Telephon- oder das Kabelnetz, das Radio- oder das TV-Netz, das Handy-Netz oder das World Wide Web“ (Hörisch: 2004, 192). Im ganzen Film mischen sich Bilder von einsamen Highways, fahrenden Autos, unendlichen Straßen, Brücken und Verkehrsknotenpunkten mit denen von Telegrafenmasten, die die Straßen begleiten, Geschichten über Zeitreisen und Telefonen. Betrachtet man Travis' Reise genauer, kann man auch noch ein ganz anderes Netz ersehen. Es ist das innere Netz der seelischen Verstrickungen und Emotionen. Das Netz der Psyche. Dass die eben genannten Netze diegetisch eng miteinander verwoben sind, wird an vielen Stellen der Geschichte deutlich. Wenn Hunter und Travis beispielsweise auf der Ladefläche des Pick-up-Trucks beschließen, Jane zu suchen, während im Hintergrund bei einem Verkehrsknotenpunkt des Highways mehrere Fahrbahnen zusammenlaufen (TC 1:12:43-1:15:01), dann kann dies auch für die seelische Verstrickung stehen, die Travis mit seiner Suche nach Jane entwirren will. Dabei fällt auf, dass Travis kein aktiver Teil dieser Netze ist. Vom Straßennetz lässt er sich treiben, indem er ohne Straßenkarte kilometerweite Strecken zurücklegt, während er sich dem Kommunikationsnetz gänzlich entzieht. Die ersten Minuten zeigen ihn mitten in der Chihuahua-Wüste. Die Sonne brennt auf ihn nieder. Mechanisch stapft er weiter, ohne einen Tropfen Wasser und – wieder einmal – ohne Ziel. Als er völlig ausgetrocknet zusammenbricht, bringt man ihn in ein Krankenhaus in Terlingua. Die Stadt, die ihren Namen durch „eine korrumpierte Bildung aus spanisch ›Tres linguas‹“ erhielt, was „sich auf die drei dort gesprochenen Sprachen [...] oder auf die drei Indianersprachen [...] dieser Region [...] beziehen soll“ (Fleig: 2005, 21), wird nun ironischerweise Schauplatz für Travis' Schweigen. Er bleibt selbst dann noch wortlos, als sein Bruder Walt kommt, um ihn abzuholen. Fast 30 Minuten im Film verstreichen, bis Travis sein erstes Wort spricht: „Paris“ (TC 0:24:45). Der Ort, der für ihn eine tiefe Bedeutung hat, weil er seinen Ursprung darstellt, ist es würdig, als erstes genannt zu werden. Zu diesem Ursprung will Travis zurück. Was folgt, ist eine Suche nach dem Vergangenen, dem Vergessenen und Verdrängten. Es ist eine Seelenreise zurück in Travis' Vergangenheit. Doch mit der Zeit beginnt man immer mehr zu begreifen, dass sowohl das Telefonnetz, als auch das Straßennetz die Entfernung entfernen, dabei aber nicht ans Ziel kommen können, weil sie überhaupt nur mit einer existierenden Entfernung Sinn machen. Die Paradoxie des Netzes – sei es das der Telekommunikation oder des Verkehrs – besteht darin, dass es „die Probleme herstellt, die es löst.“ (Hörisch: 2004, 191). Da das Telefon die Distanzen, die es überwindet, im gleichen Atemzug wieder neu erschafft, scheint es auch das Mittel der Wahl für die Aussprache zwischen Travis und Jane zu sein. Doch wie das Projekt der Telekommunikation niemals zum Ziel kommen kann, so ist auch Travis am Ende des Films nicht dort angelangt, sondern setzt seinen Weg auf den Highways fort. Ein kathartischer Effekt bleibt dennoch nicht aus. Als er im Auto in die Nacht fährt, huscht ein Lächeln über sein Gesicht. Vielleicht wird er irgendwo einfach neu anfangen.

Wie *Paris, Texas* das Motiv des Kommunikationsnetzes dramaturgisch auskostet, so nutzt es auch *Wall Street*, um das Szenario der New Yorker Börse auszugestalten. Diese zeichnet sich vor allem durch Schnelllebigkeit aus. Was eben noch aktuell und wichtig war, ist einen kurzen Augenblick später bereits schon wieder veraltet. Börsenkurse sowie private Existenzen steigen und fallen im Sekundentakt, Informationen werden ebenso schnell eingeholt wie ausgesendet und das Telefon ist wahrscheinlich (neben dem Internet) das einzige Medium, das mit der Geschwindigkeit des rasanten Börsengeschäfts mithalten kann. Gordon Gekko weiht Bud schon früh in die Wichtigkeit der Information für sein Geschäft ein: „The most valuable commodity I know of is information“ (TC 0:30:18-0:30:21), sagt er, und das Lauffeuer, mit dem sich so eine wichtige Information verbreiten kann, zeigt eine aufwändig inszenierte Split-Screen-Montage, bei der die einzelnen Einstellungen, die teilweise bis zu acht Fenster einnehmen, „je nach dem Aktivationsgrad der Handlung jeweils für sich geschnitten“ (Wulff: 1991a, 134) wurden (TC 0:41:45-0:42:14). Dabei ist es interessant zu verfolgen, wie die Informationen zuerst einmal durch eine rein objektive Vermittlung viele verschiedene Menschen erreichen und von dort immer mehr der subjektiven Weiterleitung zum Opfer fallen. Der Fluss der Informationen spricht dabei oft klare Worte: Wichtige Menschen erhalten die wichtigen Informationen zuerst. So können sich hinter der technischen Vermittlung von Informationen auch immer inhärente Machtstrukturen verbergen, weil der Adressierung eine vorherige Selektion zu Grunde liegt. Mächtig ist derjenige, der im Besitz von relevanten Informationen ist, wodurch die Information selbst zum kostbaren Gut wird. „Die Herrschaft über das Netz ist […] ein faktisches Mittel der Herrschaftsausübung oder gar der Unterdrückung ebenso wie der demokratischen Informationsverteilung.“ (Andritzky/Hauer: 2002, 15). Auch Stu weiß in *Phone Booth* die Möglichkeit der Informationen zu seinem eigenen Vorteil zu nutzen. Als PR-Agent lebt er praktisch von der Informationsverbreitung. Bereits die ersten Minuten des Films weisen auf die Schnelllebigkeit des Informationszeitalters hin, wenn durch Zeitraffer-Techniken und Split-Screen-Verfahren mit bis zu 70 kleinen Feldern geschäftig telefonierende New Yorker abgebildet werden (TC 0:02:58-0:03:08). Vor dem Hintergrund dieses Szenarios betritt Stu die Bildfläche. Das Handy ist sein wichtigstes Arbeitsgerät und dessen Hauptaufgabe ist es, Kontakte herzustellen. Schon der Vorspann macht darauf aufmerksam, wenn ein Lied mit den Worten „information, give me information…" (TC 0:0:22-0:01:37) erklingt. In diesem Film werden wichtige Insider-Informationen via Telefon gehandelt und dabei ist Stu jedes Mittel recht.

Wie sich Informationen im privaten Umfeld verbreiten, zeigt der Film *Denise Calls Up* sehr anschaulich. Wir erleben „sieben Menschen, die ständig miteinander reden und sich doch nie sehen. Die den kommunikativen Raum der Begegnung vollständig als Telefon-Raum erobert haben und die Gegenwart des Leibraums – des Wahrnehmungsraums – aufgeben" (Köhler/Wulff: 2000, 130). Über das Telefon weitergeleitete Informationen werden deshalb so wichtig, weil sie das Einzige sind, was die Freunde voneinander wissen. Mit den Informationen hält jeder den anderen über sich und seine Umgebung auf dem Laufenden, wodurch der Kommunikationskreis stabil bleibt. Wer dabei allerdings nicht mithalten kann, oder „wer relevante Informationen verpaßt, ist ‚draußen'"(Wulff: 1991b, 92). Diese Tatsache verleiht dem Film einen bittersüßen Beigeschmack. So kommt es dann auch zu dem tragischen Moment, als Gale stirbt und es keiner erfährt, weil es Gale selbst nicht mehr mitteilen kann. Die Information wird nicht mehr ausgesendet, sondern eingeholt, und zwar rein zufällig, als Barbara auf ihrer Geschäftsreise bei Gale anruft und deren Tante abnimmt, die ihr dann die traurige Neuigkeit mitteilt. Danach verbreitet sich die Nachricht wie ein Lauffeuer über den gesamten Bekanntenkreis und kommt dabei auch bei Empfängern an, die mit ihr gar nichts anfangen können. So entgegnet Martin seinem Freund Jerry, als er von Gales Tod erfährt: „Oh mein Gott, das ist ja fürchterlich! Wer ist Gale?" (TC 0:41:30-0:41:33)

Im Hinblick auf das Netz wird ersichtlich, wie wichtig Informationen sind, schließlich halten sie das Netz überhaupt erst am Leben. Für jeden Einzelnen, der sich an das Netz andockt, ist aber auch noch etwas anderes von großer Bedeutung. Die Rede ist von Kontakten. Denn wer Kontakte hat, ist wichtig. Wer Kontakte hat, wird mit Informationen versorgt und sichert sich damit sein Bestehen im globalen

Kommunikationsnetz. Das Motto scheint erdenklich einfach: „Erreichbar sein per Telefon, und das für die ‚richtigen Leute', ist Bedingung für privaten und beruflichen Erfolg" (Baumann: 2000, 43). Im globalen Kommunikationsnetz werden wichtige Botschaften im Sekundentakt an noch wichtigere Menschen weitergeleitet und um in dieser rasanten Geschäftswelt mithalten zu können, muss man erreichbar sein – am besten immer und überall. Das Telefon wird zum „Element, Indikator und Bedingung für das *moderne Geschäftsleben*" (Wulff: 1991b, 79). Will sich – wie in *Wall Street* – ein einfacher Wertpapierberater wie Bud Fox in der Finanzindustrie einen Namen machen, so muss er am Puls der Zeit und in ständiger Bereitschaft sein. Doch dadurch macht er sich gleichzeitig abhängig vom Kommunikationsnetz, woraus sich eine paradoxe Situation entwickeln kann, die Helmut Gold das „Erreichbarkeitsdilemma" (Gold: 2000, 86) nennt:

> Aus dem Wunsch, immer und überall erreichbar zu sein, könnte der Zwang entstehen, immer und überall erreichbar sein zu müssen. Aus dem Wunsch nichts verpassen zu wollen, kann der Zwang entstehen, nichts versäumen zu dürfen (Gold: 2000, 87).

Denise Calls Up liefert ein anschauliches Beispiel dafür, wie sehr sich die Protagonisten bereits in das Kommunikationsnetz verstrickt haben. Für sie sind die telefonischen Kontakte die einzigen Kontakte überhaupt. Die Freunde existieren nur noch als Telefonnummern.

Auch Steven lernt in *A Perfect Murder* die Crux der Erreichbarkeit kennen. Im Film hat er sich ein exklusives Kontaktnetz aufgebaut. Zu seiner Entourage gehören eine Reihe von Finanzgenies und Investmentplanern, die sein Vermögen betreuen und ihn stets per Telefon über den neusten Aktienkurs auf dem Laufenden halten. Als sich gegen Ende des Films herausstellt, dass seine Geschäfte schlecht laufen und der finanzielle Ruin droht, wendet sich Steven empört an seine Finanzgurus. Auf die Frage hin, wie es nur soweit kommen konnte, entgegnen sie ihm, er sei nicht erreichbar gewesen. Das telekommunikative Geschäftsleben im digitalen Zeitalter ist ein Drahtseilakt: Erreichbar sein, aber nicht für jedermann. Dagegen muss Bud in *Wall Street* feststellen, dass sich das Erreichbar-Sein ab einer bestimmten Größenordnung in das Gegenteil umschlägt. Das Privileg der Chefetagen ist das *Nicht*-Erreichbar-Sein. Große Haie wie Gordon Gekko schirmen sich gegen Kleine Fische wie Bud Fox systematisch ab:

> Eine andere Art von Inversion des erreichbaren Individuums ist das Individuum, das nur über *Filter* erreichbar ist. So bildet die Sekretärin des Geldmoguls [Gordon Gekko] [...] eine Instanz, die die eingehenden Anrufe kontrolliert und größeren Teils nicht zum eigentlich Adressierten durchstellt (Wulff: 1991b, 97).

Nicht erreichbar zu sein drückt zweifelsohne eine Art kommunikativen Stolz und Prominenz aus, in der Diegese von *Wall Street* erhält die Unerreichbarkeit jedoch eine doppelte Bedeutung: Gekko ist für Bud im telekommunikativen Sinne unerreichbar sowie im ikonografischen. Einmal am anderen Ende der Leitung sein, das ist Buds sehnlichster Wunsch. Was ihm fehlt, sind die richtigen Kontakte und die alles entscheidende Zusage eines potenziellen Großkunden. „You know what my dream is?", fragt er eines Tages seinen Arbeitskollegen Marvin, „to one day be on the other end of that phone" (TC 0:07:28-0:07:32). Bud will um jeden Preis einmal „im Zentrum des Netzes" (Wulff: 1991b, 93) sein – am wichtigsten Knotenpunkt, von dem alles ausgeht. Als er endlich die Chance bekommt, Gekko kennenzulernen, überreicht er ihm seine Visitenkarte mit seiner Privatnummer auf der Rückseite. Damit hat er einen wichtigen Kontakt geknüpft, wenn auch noch nicht gefestigt. Doch die erste Hürde ist genommen. Seine Nummer ist in die Visitenkarte eingeschrieben, sie ist verschriftlicht. Dadurch wird sie manifest und referenziell. Denn Bud weiß: Nicht nur an der Wall Street stellen Nummern ein exklusives Gut dar. Wer es zu etwas bringen will, muss erreichen, dass seine Telefonnummer aus dem Meer der anonymen Zahlen in die Hände der einflussreichen Menschen gerät und am besten in deren privates Telefonbuch.

In *Pillow Talk* sind Brads gesammelte Telefonnummern ein wahrer Schatz, denn „wer die Sammlung der Nummern hörwilliger Frauen besitzt, verfügt über ihr Ohr. Und das Ohr ist nicht nur in diese[m] Film[...] ein Symbol für das weibliche Geschlecht" (Genth/Hoppe: 1986, 107). Doch gegen Ende des Films wendet sich das Blatt: Jetzt, wo der wilde Junggeselle gebändigt ist, wird auch das Telefon still stehen, werden keine Verehrerinnen mehr in der Leitung schmachten, werden Liebesschwüre allenfalls *face-to-face* ausgesprochen. Das Telefonbuch mit den vielen Nummern seiner alten Flammen wird obsolet. Als symbolischer Akt ruft er sie alle ein letztes Mal an und verabschiedet sich mit der Verkündung, dass er in Kürze heiraten werde. Anschließend streicht er die abgearbeiteten Nummern durch und zerreißt schließlich die Seiten (TC 1:31:43-1:32:35).

Ähnlich symbolisch, aber mit einem geschäftlichen Hintergrund geht der Galaabend zu Beginn von *A Perfect Murder* vonstatten. Er führt uns vor, wie nach der Arbeit Kontakte geknüpft und Visitenkarten ausgetauscht werden. „Telefonnummern wichtiger Personen werden exklusiv gehandelt und wandern allenfalls aus privaten oder gar geheimen Adressbüchern in die Karteien nicht minder wichtiger Menschen" (Baumann: 2000, 43). Der Galaabend fungiert dabei wie eine riesige Kontaktbörse, bei dem offizielle Geschäftskontakte geknüpft werden, sich aber auch inoffizielle Kontakte daruntermischen, wie es zwischen David und Emily der Fall ist. So kommt es dann auch zu dem peinlichen Moment, als Steven seine Frau Emily beim vertrauten Small-Talk mit David erwischt (TC 0:06:09-0:07:48). Schnell redet sich Emily aus der Situation, indem sie einen geschäftlichen Grund vorschiebt. Sie erklärt Steven, dass sie überlege, ein Bild von David zu erwerben. Steven, der dem latenten Doppelleben seiner Frau längst auf die Schliche gekommen ist, spielt den beiden Interesse an Davids Kunst vor. Er sagt David, er werde ihn diesbezüglich kontaktieren, Emily habe ja sicher seine Telefonnummer. Diese schüttelt hinter Stevens Rücken vehement den Kopf und signalisiert David damit, er solle dies verneinen. Eine Nummer zu haben, kann eben auch viel verraten. Und die Nummer seiner geheimen Affäre zu haben, kann immer als Beweis gegen einen verwendet werden. Manchmal ist es daher besser, die Spuren gar nicht erst zu hinterlassen. Da Visitenkarten immer auf den Kontakt verweisen, haben sie stets auch eine referenzielle Funktion. Dies kann von Vorteil sein, wie in *Wall Street*, wenn sich Bud unter vielen Nummern behaupten kann, aber auch von Nachteil, wie in *A Perfect Murder*, wenn sie Rückschlüsse auf die heimliche Beziehung zwischen Emily und David zulässt. Auch ein Liebesbrief kann auf einen Kontakt verweisen. Genau dies wird Margot in *Dial M for Murder* zum Verhängnis, weil dadurch ihre Affäre zu Mark Halliday ans Tageslicht kommt. Da bietet ein Telefon zur geheimen Kontaktaufnahme weitaus mehr Sicherheiten. Es scheint sogar wie dafür gemacht, Botschaften weiterzuleiten, die nur für ganz bestimmte Ohren gedacht sind. Wahrscheinlich bietet sich das Telefon deshalb so sehr an, wenn es darum geht, eine geheime Affäre zu inszenieren, weil das Telefon selbst in seiner Anwendung die Zweideutigkeit des Doppellebens unterstützt. Denn „Telefonieren hat so schizophrene Züge. Man ist weder hier noch dort. Das Bewusstsein ist gespalten: Mit unseren Füßen stehen wir im Hier und Jetzt, doch gleichzeitig hören und sprechen wir in die Ferne" (Bräunlein: 2000, 144). Und schließlich ist das gesprochene Wort flüchtig. Im Gegensatz zum geschriebenen Wort ist es weder manifest, noch hinterlässt es Spuren.

3. Der schmale Draht zwischen Fiktion und Wirklichkeit

Wie sich gezeigt hat, liegt die Besonderheit des Telefonierens darin, dass mit dem Zustandekommen eines Telefongesprächs zwei verschiedene Wahrnehmungsräume etabliert werden. Der eine ist der Raum der leiblichen Anwesenheit, in welchem sich der Anrufer oder Angerufene vor, nach und während des Telefonats körperlich befindet. Der andere ist der kommunikative Raum des Gesprächs zwischen den Telefonpartnern. Er ist jeweils in den Wahrnehmungsraum der leiblichen Anwesenheit eingelassen. Die Telefonpartner bleiben mit ihren Körpern im situativen Raum verhaftet, während sie sich auf einer mentalen Ebene treffen. Dabei stellen sie sich ihr Gegenüber vor, indem sie zu der gehörten Stimme den dazugehörigen Körper und dessen Umgebung visualisieren. Der Akt des Telefonierens geht somit auch immer einher mit einer Form von „Fiktionalisierung“ (Bülow: 1990, 306). Allein dieser Umstand kann im Film als narrative und dramaturgische Ausgangslage dienen. Außerdem findet bei der Umsetzung des Telefonats im Film oft eine weitere Dopplung der fiktiven Ebene statt, denn dem Zuschauer werden meist durch spezielle Montage-Techniken, wie der Parallel- oder Split-Screen-Montage, beide Seiten des Telefonats präsentiert. Dadurch erhält er einerseits einen wichtigen Informationsvorsprung gegenüber den Protagonisten auf der Leinwand, denn nur er kann sehen, was am anderen Ende der Leitung wirklich vor sich geht. Zum anderen bietet die Fiktionalisierung auf einer Metaebene genügend Raum für montagetechnische Spielereien, wie es zum Beispiel bei sichtbaren und unsichtbaren Split-Screens der Fall ist.

3.1. Fernmündliche Virtualitätsgenese

Da sich bei einem Telefonat stets ein neuer Wahrnehmungsraum eröffnet und die Gesprächspartner fiktionalisiert werden, kann das Telefon wohl als „das älteste und [...] erste elektrische Medium zur Realisierung einer virtuellen Realität“ (Münker: 2000, 185) bezeichnet werden. Bei einem Computerspiel oder virtuellen Chatroom ist das nicht anders. Der Benutzer des Computers/Internets bleibt leiblich mit der Situation verhaftet, in der er sich körperlich befindet, und betritt im Geiste einen virtuellen Raum – sei es beim Chatten mit einer Internetbekanntschaft oder beim Agieren innerhalb eines Computerspieluniversums. Lothar Mikos spricht von einer „Immersion“, dem „Eintauchen in virtuelle Realitäten“ (Mikos: 2008, 184). Dabei rückt der leibliche Raum ein Stück weit in den Hintergrund, während dem virtuellen Raum mehr Aufmerksamkeit geschenkt wird. Der Internetuser wird genauso wie „der Telefonierende [...] teilweise entrealisiert – ist er doch der allgemeinen Präsenz des Wahrnehmungsraums entrückt“ (Wulff: 1991b, 62). Für *Matrix* bietet dieses medienspezifische Phänomen eine ideale Ausgangslage für die Narration und Dramaturgie. Im Film betreten die Protagonisten rund um Morpheus und Neo ebenfalls einen virtuellen Raum – die Matrix. Leiblich bleiben sie jedoch mit der *Realität* verhaftet: Sie lassen ihre Körper auf dem Schiff der Nebukadnezar und schicken ihren Geist auf die Reise in den Cyberspace. Einem Telefonat ähnlich „[verschiebt] die Virtualisierung die Parameter der Bildung von Identität – statt sie aufzulösen“ (Münker: 2000, 190). Die Protagonisten haben im virtuellen Raum eine andere Körperhülle wie in der *realen* Welt. Um von dieser in die Matrix zu gelangen und umgekehrt, müssen sie sich, um es mit den Worten des Telefonjargons auszudrücken, *einwählen*. Und dies geschieht immer wieder mit Hilfe eines verkabelten Telefons. Morpheus verwendet in einer Einstellung ein analoges Telefon, dessen Wählscheibe an eine Maschine angeschlossen ist (TC 0:29:02-0:29:11). Er hebt den Hörer ab und fixiert ihn mit einer anderen Apparatur. Auf seinen Knopfdruck hin wählt die Maschine über die Wählscheibe des Telefons eine Nummer. Der Vorgang erinnert ein wenig an die ersten Telefonmodems, welche noch nicht elektrisch an das Telefonnetz angekoppelt wurden, sondern die Verbindung über Schallwandler herstellten. Der Telefonhörer wurde dabei mechanisch am Modem befestigt. Hier zeigt sich die Affinität des Telefons zum Internet, da beide am selben Projekt beteiligt sind: der Erzeugung einer virtuellen Realitätsebene.

Auch andere Filme machen sich die Virtualitätsgenese des Telefons narrativ zu eigen. In *Pillow Talk* nutzt Brad den virtuellen Kommunikationsraum für seinen Eroberungsfeldzug aus. Denn die fehlende visuelle Komponente bietet ihm die Möglichkeit, am Telefon als Brad Allen sowie als Rex Stetson aufzutreten. Jan weiß ja nicht, dass es sich dabei um ein und dieselbe Person handelt – schließlich hat sie Brad noch nie zuvor gesehen und kennt ihn daher nur als parasitären Leitungsblockierer. „Das Telefon, das das Sehen ausschaltet, erlaubt diese Täuschung“ (Baumgarten: 1989, 189). Brad nutzt den virtuellen Raum jedoch genau genommen nur zur zusätzlichen Manipulation. Es wäre nämlich durchaus denkbar, dass *Pillow Talk* auch ohne virtuelle Telefonbegegnung umsetzbar wäre. Denn schließlich verkauft sich Brad bei Jan zuerst ohne technische Hilfsmittel als Rex Stetson. Da diese Brad noch nie gesehen hat, würde die Täuschung auch ohne telefonische Beihilfe funktionieren. Doch

Brad kennt sich aus mit Telefonromanzen, weiß also dieses Medium ganz besonders zu nutzen: Indem er Jan als Brad anruft und bei ihr Vorahnungen über Rex streut, kann er bei den nächsten Verabredungen als Rex sämtliche Gerüchte widerlegen und nach Jans Wünschen reagieren. Wie das Telefon, so ist der virtuelle Raum zwar nicht ausschlaggebend für die Romanze, doch beschleunigt er die Annäherung durch gezielte Manipulationen ungemein.

Dagegen ist in *Paris, Texas* eine Annäherung der Protagonisten außerhalb des virtuellen Telefonraums gar nicht erst vorstellbar. Obwohl die Peepshow-Kabine durch einen dicken Einwegspiegel getrennt ist und der Kontakt nur über ein Telefon auf der einen, und einer Sprechanlage auf der anderen Seite möglich ist, manipuliert Travis seinen Wahrnehmungsraum zusätzlich, indem er sich mit dem Rücken zur Trennwand setzt. Dadurch blendet er das Visuelle bewusst aus und schafft eine künstliche Situation des Fernsprechens, obwohl er nur wenige Meter von Jane entfernt ist. Eine Annäherung der beiden scheint eben nur noch im virtuellen Telefonraum möglich. Auch Jane scheint über ihre Vergangenheit nicht von Angesicht zu Angesicht mit Travis sprechen zu können, so dreht auch sie sich mit dem Rücken zum Einwegspiegel. Für den Zuschauer ist dies ein bewegender Moment, weil er sieht, wie Jane sich von Travis abwendet und sich auf den Boden unter den Einwegspiegel setzt, während dessen Antlitz direkt über ihr durch die Trennscheibe scheint (TC 2:09:00-2:13:08). Wie Travis mit Hilfe des Telefons eine künstliche Entfernung aufbaut, so benutzt Jane nun die Sprechanlage, um einer direkten Konfrontation auszuweichen. Im virtuellen Raum treffen sich die verzerrten Stimmen und können endlich Gehör finden, was in der Realität wohl niemals möglich gewesen wäre.

In *Denise Calls Up* ist der virtuelle Raum im Grunde genommen zum eigentlichen Handlungsraum der Protagonisten geworden. In ihm werden auch die zwischenmenschlichen Beziehungen zu fiktionalen Luftschlössern, „für die die Unmittelbarkeit der Begegnung keine zentrale Bedeutung mehr hat (Köhler/Wulff: 2000, 130). Dies hat zur Folge, dass leibhaftige Begegnungen gänzlich obsolet werden und sich zu Gunsten einer Körperlosigkeit auswirken, die den Protagonisten ebenso viel Freiheit wie auch Zwänge verheißt. Freiheit in dem Sinne, dass der Imagination im fiktionalen Raum der telefonischen Kommunikation keine Grenzen gesetzt sind. Im erotischen Telefongespräch zwischen Jerry und Barbara kommt dies besonders zum Tragen, weil sich beide den Partner nach ihren individuellen Vorlieben erschaffen können, während sie sich selbst genauso ständig neu erfinden. Indem das Telefon die einzige Verbindung dar- und herstellt, die die Freunde untereinander haben, entwickelt sich jedoch auch ein Zwang, der die Protagonisten an das Telefon fesselt. Roland Barthes beschreibt dieses Phänomen als „Erwartungsangst“:

> Die Erwartung ist Verzauberung: ich habe Weisung erhalten, *mich nicht zu rühren.* Das Warten auf einen Telephonanruf ist, *ad infinitum*, ohne daß man es sich einzugestehen wagte, mit kleinen Verboten belegt: ich versage es mir, das Zimmer zu verlassen, auf die Toilette zu gehen, selbst zu telephonieren (um die Leitung freizuhalten); ich leide (aus demselben Grunde) darunter, daß man mich anrufen könnte; ich gerate außer mich bei dem Gedanken, wie nahe der Zeitpunkt ist, wo ich selbst ausgehen muß und damit Gefahr laufe, den erlösenden Anruf zu verpassen, die Wiederkehr der Mutter. Alle diese Ablenkungen, die mich locken, wären somit für das Warten verlorene Augenblicke, Angst-Verunreinigungen. Denn die Erwartungsangst in ihrer reinen Form will mich in einem Sessel in Reichweite des Telephons finden, untätig (Barthes: 1984, 98f.).

Auf ähnliche Art und Weise sind auch die Protagonisten in *Denise Calls Up* an das Telefon gebunden. Ihre Telefone sind zwar mobil, da sie jedoch noch keine unendliche Reichweite haben, existiert trotz allem eine unsichtbare Telefonschnur, eine Leine, die die Protagonisten an ihre Wohnungen fesselt. Selbst als Jerry eines Nachts vor die Tür geht, kann er nicht tatenlos an einer Telefonzelle vorbei gehen. Er ruft bei sich zu Hause an und hört seinen Anrufbeantworter ab. Vielleicht ist das auch der Grund, warum sich die Protagonisten nie sehen. Weil sich aus dem Zwang der Erreichbarkeit ein Teufelskreis entwickelt hat: Die Protagonisten können sich nicht treffen, weil sie sich in der Nähe des Telefons aufhalten müssen, und sie müssen sich in der Nähe des Telefons aufhalten, weil sie sich nicht treffen können. Die Erwartungsangst, von der Roland Barthes spricht, ist zum Erwartungsalptraum geworden. Aus den Telefonpartnern sind körperlose Seelen geworden, die an das Telefon gekettet sind, was ihnen paradoxerweise wiederum eine Erdung verschafft. Während sich die Protagonisten immer wieder in ihre virtuellen Kommunikationsräume zurückziehen, beginnt man als Rezipient unweigerlich Parallelen zur heutigen Zeit zu ziehen. Ist das Szenario, wie es in *Denise Call Up* dargestellt wird, nur der Anfang einer totalen Vereinnahmung durch die neuen Medien? Sind wir nicht längst schon zu modernen „Prothesengöttern“ (Freud: 2007, 57) geworden? Vielleicht zeichnet sich in *Denise Calls Up* bereits eine Zukunftsvision ab, bei der sich die Menschen aus dem wahren Leben verabschieden und sich ganz in ihre Wohnungen zurückziehen. Diese würden dann wie riesige Telefonzellen fungieren, von denen aus alles bequem online oder via

Telefon gesteuert werden könnte: arbeiten, telefonieren, Essen bestellen, Shopping, Bankgeschäfte, mit Freuden chatten sowie Cybersex. Das Telefon wird so zum „Symbol oder [zur] Metapher von Hoffnungen und Ängsten, die sich mit der Technik verbinden“ (Korff: 1990, 456). In *Matrix* scheint die Zukunftsvision, wie sie sich in *Denise Calls Up* andeutet, bereits vollzogen und ins Gegenteil gewendet zu sein. Auch dort lebt der Mensch in der Virtualität – aber weiß es nicht einmal, denn die Technik ist längst zum Herrscher über die Menschheit geworden:

> Der Homo sapiens, der nur mehr in seinem – unbemerkt vernetzten – Bewußtsein, das durch Computerprogramme manipuliert ist, sich selbst als Ich und Einheit verstehen darf, hat für die herrschenden Intelligenzmaschinen eine Daseinsberechtigung einzig und allein aufgrund der Wärme seines Körpers (Poschardt: 2002,139).

Während in den meisten Filmen der virtuelle Telefonraum vom leiblichen Wahrnehmungsraum klar getrennt wird, existieren in *Lost Highway* diese Grenzen nicht, sie lösen sich auf: In Freds Telefonat mit dem Mystery Man vermischt sich der virtuelle Raum der Telefonkommunikation mit dem realen. Hier ist Dort, die Telefonpartner werden zu Gesprächspartnern von Angesicht zu Angesicht. Immaterialität ist Materialität, Außen ist Innen. Lynch stellt damit die kinematografischen Konventionen von Hollywood zur Schau und verfolgt dabei eine Methodik, die das Gezeigte in Endlosschleifen ständig neu produziert. So kehrt auch das Telefonat mit dem Mystery Man wieder, wenn er Pete auf ganz ähnliche Weise wie Fred einen Anruf abstattet (TC 1:35:12-1:36:00). Sein erster Satz wirkt wie ein Déjà-vu und was folgt, ist ein Dialog den wir nur zu genau kennen, weil er schon einmal stattgefunden hat – damals, auf Andys Party (TC 0:27:59-0:30:20 / EP S. 152-155). Beide Male beginnt das Gespräch mit einer Frage, die in *Lost Highway* allgegenwärtig ist: „We've met before, haven't we“ (TC 0:27:59-0:28:04 / EP S. 152 und 1:35:16-1:35:18)? Es ist die Frage, die wir gestellt bekommen und uns selbst stellen werden. Denn wir sehen Filmbilder, die uns später erneut begegnen, hören Musik, die uns bekannt vorkommt oder Dialoge, die wir schon einmal gehört haben. Die Frage wird zum Paradigma für die Machart von *Lost Highway*: Es ist die Wiederholung in endlosen Schleifen. Ein Déjà-vu, eine Erinnerung an etwas Bekanntes, das aber doch immer wieder anders erscheint – variiert und verfremdet. Wie Fred kann sich auch Pete nicht an den mephistoähnlichen Mann mit dem weiß geschminkten Gesicht erinnern. Aber in beiden Fällen beteuert jener, er sei bei ihnen zu Hause gewesen. Und da sind weitere Ähnlichkeiten: Das Starren des Mystery Man auf Andys Party und das Starren von Petes Eltern, die das Gespräch ihres Sohnes wie angewurzelt mithören. Die Großaufnahmen des Mystery Man während der Konversationen. Die Unheimlichkeit des Telefonats, das in beiden Fällen die Männer aus der Fassung bringt und die filmtechnische Umsetzung ihrer Verzweiflung. Sowohl Fred als auch Pete werden aus der Untersicht gezeigt, während sich der Mystery Man mit den bekannten Worten „it's been a pleasure talking to you" (TC 0:30:13-0:30:15 / EP S. 155 und TC 1:35:58-1:35:59) verabschiedet. Sätze wiederholen sich im Dialog, Dialoge wiederholen sich im Telefonat, Telefonate wiederholen sich im Film – immer und immer wieder. Die Ähnlichkeiten sind frappierend. Denken wir nur an Renees Anruf auf dem Polizeirevier, nachdem Fred und sie die zweite Videobotschaft gefunden haben. In einer Detailaufnahme werden Renees Lippen beim Sprechen in den schwarzen Hörer gezeigt (TC 0:21:09-0:21:15). Sie ist nervös und gibt den Polizisten ihre Adresse durch. Kennen wir diese Detailaufnahme nicht irgendwoher? Es sind Alices Lippen, die Pete auf dieselbe Art und Weise die Adresse des Hotels durchgeben, bei dem ihr nächstes geheimes Treffen stattfinden soll (TC 1:24:36-1:24:40). Dort wird sie ihm den Mord an Andy vorschlagen. Aber diesmal sprechen die Lippen in einen pinkfarbenen Hörer. Pete sitzt derweil am anderen Ende der Leitung an seinem Haustelefon. Schon einmal rief ihn Alice dort an und schon damals rief er seiner Mutter zu: „I get it!" (TC 1:18:09 und 1:24:29), als sie ihm zuvorkommen will. Es sind immer wieder die gleichen Bilder, die sich wiederholen und dabei doch nie identisch sind. Georg Seeßlen spricht in diesem Zusammenhang von einem „endlos geflochtenen Band" (Seeßlen: 2003, 153). Wendet man nun den Blick für einen kurzen Augenblick vom Telefon ab, so wird man feststellen, dass der ganze Film aus immer wiederkehrenden Bausteinen besteht, die auf den ersten Blick gedoppelt werden, jedoch immer eine neue Variation und Verfremdung beinhalten: Da ist die schwarzhaarige Renee und die blonde Alice, ihre Plateauschuhe und ähnlichen Kleider, die abermaligen Verwandlungen von Fred und Pete, es ist der allgegenwärtige, immer wiederkehrende Mystery Man, Andy und sein Haus, die drei Videobotschaften, Freds Saxophonsolo, das später aus dem Radio in Petes Werkstatt schallt, Freds Traum, der sich als Traum im Traum (im Traum?) entpuppt, die Mauern vor Freds Fenster und hinter Petes weißem *Picket Fence*, der Hund in Petes Nachbarschaft, dessen Bellen Renee aufweckt, die gelben Mittelstreifen des Highways, die brennende Hütte im Rewind Modus, dasselbe Hotel, in dem Pete erst Sex mit Alice und später mit Sheila hat, Petes Eltern, die auf der Polizeiwache im gleichen Bikerstil erscheinen, das ominöse *Moke's*, in dem sowohl Renee als auch Alice Andy kennengelernt haben und die Zimmer 25 und 26 des *Lost Highway Hotels*. Man könnte ewig so fortfahren. Und Lynch zwingt den Zuschauer regelrecht dazu, da er *Lost Highway* enden lässt, wie er anfängt: Fred übermittelt über die Gegensprechanlage seines Hauses die Botschaft „Dick Laurent is dead" (TC 2:03:11-2:03:13), welche er zu Beginn des Films aus eben jenem Lautsprecher vernimmt (TC 0:03:48-0:03:51). Als er zum Fenster geht, um nachzusehen, ertönt im Hintergrund die Sirene des Polizeiautos, das ihn am Ende des Films verfolgt. Dadurch ergibt sich weder ein Anfang noch ein Ende, sondern eine Endlosschleife, ein Möbiusband, dessen geometrische Gestalt immer wieder in sich selbst übergeht und weder ein Oben und Unten, noch ein Innen und Außen aufweist. Man wird den Film wieder und wieder anschauen, er könnte „endlos weitergehen, würde sich aber bei jeder Umdrehung vollkommen verändern" (Seeßlen: 2003, 167). Mit der Zeit stellt sich die Frage: Was hat es auf sich mit der ständigen Wiederholung und Verfremdung? Ist das im Grunde genommen nicht die Verfahrensweise und Methode der Dekonstruktion? Schließlich ist es deren Ziel, das Konstrukt „auseinanderzunehmen und neu zu beschriften", es „mit einer anderen Struktur und anderen Funktion zu versehen" (Culler: 2002, 183). In *Lost Highway* werden die Bausteine in ihrer Wiederholung sichtbar und sie werden neu beschriftet, indem sie verfremdet werden. Einfach ausgedrückt ist Dekonstruktion die „Kritik an all jenen hierarchischen Oppositionen, die das abendländische Denken mitbestimmt haben" (Culler: 2002, 182). Diese Oppositionen können sich beispielsweise in binären Gegensatzpaaren ausdrücken wie Anfang/Ende, Gut/Böse, Anwesenheit/Abwesenheit, aber auch Form/Bedeutung, oder Körper/Geist. Im konventionellen Hollywoodkino sind diese Oppositionen allgegenwärtig. Viele Filme basieren auf dem rivalisierenden Wechselspiel zwischen Gut und Böse, ganze Genre leben davon. Meist wird von den Filmemachern darauf geachtet, Kohärenz zu schaffen und Linearität. *Bestenfalls* existiert ein Happy End. *Lost Highway* dagegen entzieht sich diesem Dogma und löst die binären Gegensatzpaare auf. Wird dadurch nicht auch das Ziel der Dekonstruktion verfolgt? Jaques Derrida, der mit dem Begriff Dekonstruktion in einem Atemzug zu nennen ist, hat in seinem Schaffen versucht, diese binären Oppositionen, die das gesamte metaphysische Denken betreffen, aufzudecken. „Zu seiner subversiven Strategie gehört[e], dass Derrida sich den binären Oppositionen, auf die sich die metaphysische Struktur stützt, zuwendet[e] und nicht sofort versucht[e], sie aufzulösen, sondern die sie beherrschende Hierarchie umkehrt[e]" (Ganter: 2003, 22). Dadurch deckte er automatisch die Willkürlichkeit der Hierarchie auf, wodurch diese wiederum ihr Fundament verlor. In *Lost Highway* gibt es weder

Anfang noch Ende, Innen ist wie Außen, Personen sind allgegenwärtig wie Geister und wechseln ihre Körper in Metamorphosen. Man kann auch nicht festlegen, was Vergangenheit und Zukunft ist. Es ist zwar „ein Film mit logischen Schleifen“, diese sind jedoch „nicht mehr in einer linearen Erzählweise aufzulösen“ (Seeßlen: 2003, 153). Und: Lynchs Filmbilder sind nicht eindeutig interpretierbar. Sie verweigern sich einem übergeordneten Sinn. Es gibt keine Signifikanten, die ein bestimmtes Signifikat tragen, vielmehr gibt es viele Signifikanten, die lediglich auf immer neue Signifikanten verweisen. „Die Bilder also bestehen aus Bedeutendem, das seine Beziehung zum Bedeuteten nicht in einer linearen Beziehung offenbart, sondern nur in mehrfachen Kreisbewegungen durch die Bilder selbst“ (Seeßlen: 2003, 154). Als Zuschauer haben wir uns an den gängigen Hollywoodstil gewöhnt und die kinematografischen Konventionen längst verinnerlicht. Wenn nun ein Film wie *Lost Highway* sich diesen Konventionen verweigert, stoßen wir uns daran. Wir suchen nach einem übergeordneten Sinn, der uns jedoch aus den Händen gleitet, sobald wir denken, wir hätten ihn aufgespürt. Wenn Filmbilder nicht wie erwartet auftreten, sondern im neuen Gewand erscheinen, dann werden sie gleichzeitig als Konstrukt zur Schau gestellt. Eine Opposition des konventionellen Hollywoodkinos zu dekonstruieren hieße demnach „aufzuzeigen, dass sie weder natürlich noch unumgehbar ist, sondern ein Konstrukt, das erst durch auf ihr aufbauende Diskurse hergestellt worden ist“ (Culler: 2002, 182). In den verschiedenen Telefonaten in *Lost Highway* und insbesondere in den Telefonaten mit dem Mystery Man bricht Lynch mit den gängigen Konventionen der Kinematografie à la Hollywood und verfolgt damit gewollt oder ungewollt eine poststrukturalistische Methode. Damit erteilt er nicht nur eine Absage an die traditionellen Auffassungen von Form, Einheit oder Sinn, sondern löst die binären Oppositionen von Realität/Virtualität, Anfang/Ende, Macht/Ohnmacht, diegetisch/non-diegetisch, Hier/Dort, Geist/Körper auf.

3.2. Illusionsmaschine Telefon

Virtualität bedeutet immer auch Illusion, denn im virtuellen Raum ist man stets partiell ent-realisiert. In einem Telefonat ist die Stimme schließlich „das einzig Körperhafte“ (Baumgarten: 1989, 191) was in den virtuellen Raum geschickt wird, der Rest bleibt mit der Erde verhaftet. Vielleicht fühlt sich das Telefon auch deswegen auf den Leinwänden dieser Welt so wohl, weil auch der Film Illusionen produziert.

Im Film und Telefonat ist oft nichts so wie es scheint. Schwindeleien und Lügen überträgt das Telefon herzlich gerne, Verschleierungen gehören zu seinem Standardrepertoire. Denn wer weiß schon so genau, was am anderen Ende der Leitung vor sich geht. Gordon Gekko und Bud Fox lügen in *Wall Street*, um falsche Zahlen in Umlauf zu bringen, die ihnen wiederum Millionengewinne einfahren. Tony belügt in *Dial M for Murder* Swann, um ihn in sein Haus zu locken und ihn für den Mord an Margot anzuwerben. In *Phone Booth* wird die Telefonlüge sogar noch einmal um die eigene Achse gedreht, indem sie zur Telefonbeichte wird. Hier äußert sich die Ambivalenz des Telefonierens in Reinform. „Auf der Strecke zwischen den [...] Telephonierenden kann jede Lüge zur Wahrheit werden und jede Wahrheit zur Lüge" (Genth/Hoppe: 1986, 90). In *Pillow Talk* kann sich Brad auf diese Weise in seinen nächtlichen Telefonaten mit Jan problemlos als Rex ausgeben und gleichzeitig als Brad auftreten, der sich angeblich massiv von der blockierten Leitung der beiden Turtelnden gestört fühlt. Dies ist „ein klassischer Fall, der aus der Doppelsituation des Telefonats oft komische Effekte gewinnt [...]: Einer muß sein Gesicht wahren, er spiegelt einem anderen etwas vor, produziert eine Illusion" (Wulff: 1991b, 66). Die Illusionsmaschine Telefon macht vieles möglich. Wie sich in *Pillow Talk* eine Person mühelos zweiteilen kann, können zwei bunte Wollsocken in *Denise Calls Up* schnell zu einem roten Seidenunterhemdchen werden. Doch der Sex-Talk zwischen Barbara und Jerry zeigt auch, dass im Grunde genommen die ganzen zwischenmenschlichen Beziehungen in *Denise Calls Up* auf einer Illusion basieren. Und was da im Kleid der Komödie über die Leinwand flimmert, hat in Wirklichkeit doch einen bitterernsten Unterton. Die sieben Menschen, die tagtäglich miteinander telefonieren, fabrizieren gegenseitig die Illusion, Freunde zu sein. Die Hälfte von ihnen hat sich jedoch noch nicht ein einziges Mal gesehen. Besonders auffällig ist dies bei Jerry und Barbara. Ihre Beziehung wurde von Anfang an technisch vermittelt. Ein Treffen außerhalb des virtuellen Kommunikationsraums konnte nie realisiert werden. Und als sie sich schließlich doch noch vor Franks Haustür über den Weg laufen, erkennen sie sich nicht. „Daraus entsteht eine formale, ebenso technische wie ästhetische Distanz zwischen den Interagierenden, die zutiefst melancholisch wirkt" (Köhler/Wulff: 2000, 130). Dann wären da noch Frank und Gale, die früher einmal ein Paar waren, doch dann irgendwie auseinandergedriftet sind. In einer Sequenz wollen sie sich fest versprechen, dass sie sich bald sehen (TC 0:28:27-0:30:26). Doch schon vier Tage später ist Gale tot. Sie stirbt bei einem Autounfall, bei dem sich der Telefonhörer ihres Autotelefons in ihren Schädel bohrt. Frank, der „gute alte Freund", erfährt es als letzter.

Niemand hatte ihn benachrichtigt. Dabei hatte man sich doch so fest versprochen, sich zu sehen. Nüchtern betrachtet ist es nicht das erste Versprechen, das gebrochen wurde. In *Denise Calls Up* werden ständig Verabredungen organisiert, aber nicht eingehalten. Linda schmeißt eine Party, aber niemand geht hin, das geplante Mittagessen wird noch nicht einmal abgesagt, geschweige denn verschoben. Gale wird ohne Beistand beigesetzt und selbst die Silvesterparty zu ihren Ehren findet nicht statt, weil Frank, der Gastgeber, einfach nicht die Tür öffnet. Die Illusion der Freundschaft ist in *Denise Calls Up* allgegenwärtig und das Telefon leistet einen erheblichen Beitrag dazu. Der Schlüssel liegt wieder einmal in seinem ambivalenten Wesen. Denn das Telefon stellt zwar immer wieder Verbindungen, aber keine Verbindlichkeiten her. Es verbindet Menschen, bindet sie jedoch nicht zwangsläufig auch aneinander. Findet zusätzlich kein aktives Arbeiten an den menschlichen Beziehungen statt, induziert es lediglich eine Illusion. Die Freundschaften existieren dann nur für den Moment des Telefonats. Man möchte daher manchmal meinen, dass die Protagonisten deshalb so viel miteinander telefonieren, weil sie sich immer wieder in Erinnerung rufen wollen. Aber obwohl ständig kommuniziert wird, merkt der Zuschauer schnell, dass selbst im Handyzeitalter „die alten Ängste und Probleme dieselben geblieben sind“ (Spohn: 2000, 111). Denn letzten Endes

> heißt die pausenlose Verfügbarkeit von Kommunikationsmöglichkeiten ja noch lange nicht, daß die Kommunikation an sich zugenommen hätte, von der Qualität des Gesprochenen einmal ganz abgesehen. Letztlich sind wir genauso alleine wie vorher (Spohn: 2000, 111).

Hal Salwen zeigt in *Denise Calls Up* die dysfunktionalen Beziehungen unter dem Deckmantel der modernen Vieltelefonierererei auf. Und trotz allem bietet er uns ein versöhnliches Ende an. Denn da sind ja noch Martin und Denise. Vielleicht ist doch nicht alles Illusion? Denise, die im Laufe des Films immer wieder mit dem Handy am Ohr in Bewegung gezeigt wird – sei es im Bus, im Taxi, in einer Pferdekutsche oder im Karussell – kommt zum ersten Mal auf den Treppenstufen vor Franks Wohnung zur Ruhe. Sie sitzt am besagten Silvesterabend dort, weil Frank die Tür nicht öffnet. Zum ersten Mal telefoniert sie nicht. Sie sitzt einfach nur da und wartet, ein bisschen gelangweilt zwar, aber entspannt. Während sich alle anderen Freunde für die Party bereitgemacht haben, es dann aber doch nicht wagen, bei Frank zu klingeln, ist Martin der einzige, der sich von seiner Arbeit losreißt und zum vereinbarten Treffpunkt kommt. Dort sieht er Denise, die er womöglich gar nicht erkannt hätte, stünde da nicht ein Kinderwagen neben ihr. Beide erkennen sich und ziehen schweigend in die Nacht.

Wie ein Filmtelefonat Illusionen für den Protagonisten herstellen kann, so wird auch dem Zuschauer eine Illusion dargeboten, weil er auf der Leinwand einen Einblick in beide Seiten von Anrufer und Angerufenem erhält, was bei einem realen Telefonat unmöglich wäre. Die beiden Kommunikationsräume aus leiblicher und telefonischer Wahrnehmung werden für ihn als ein Handlungsraum lesbar. Somit meint er, wie beispielsweise in *Pillow Talk*, einer vis-à-vis-Kommunikation beizuwohnen. Dort sind, was die Inszenierung, die Mise-en-Scène angeht, die Telefongespräche zwischen Jan und Brad alias Rex gestaltungstechnisch oft so komponiert, als wollten sie die wachsende emotionale Verbindung der beiden untermauern. Die Einstellungspaare der Split-Screen-Montage sind dabei einzeln so ausgestaltet, dass sie als Ganzes ein harmonisches Bild darstellen. Dies geschieht durch Ähnlichkeiten in der Ausstattung der Räume, durch Farbharmonie zwischen den beiden Einstellungen und mittels komplementärer Körperhaltungen der Dialogpartner. In den ersten Telefonsequenzen mit Brad sind die beiden Einstellungspaare noch stärker voneinander abgehoben, jedoch zeigen sich bereits hier und da Anhaltspunkte, die auf eine spätere emotionale Verbindung der beiden schließen lassen. So fällt auf, dass sich Jan und Brad im Gespräch häufig einander zuwenden, als ob sie sich direkt ansprächen. „Die Akteure handeln scheinbar ‚aufeinander zu'" (Wulff: 1991a, 133). Die komplementären Körperhaltungen der Telefonpartner und ihre einander zugewendeten Blicke etablieren so eine gemeinsame Handlungsebene. Diese filmtechnische Konvention findet sich auch in den kinematografischen Lehrbüchern wieder. So rät zum Beispiel Mascelli: „Players talking to each other by telephone should be photographed with opposite looks. Opposing looks infer that players are relating with each other" (Mascelli: 1973, 188). Jan und Brad verraten allerdings nicht nur durch ihre zugewandte Haltung, dass sie miteinander verbunden sind. Auch in ihren synchronen Körperbewegungen, ihrem ähnlichen Wohnstil und ihren zueinander passenden Outfits – man denke nur an die Bademäntel in rosa und hellblau – zeigt sich, dass sie wohl mehr gemeinsam haben, als ihnen anfangs lieb ist. Gegen Ende hin gipfelt die harmonische Bildkomposition in der Badewannensequenz, in der die Gestaltung der beiden Einstellungspaare bis hin zur Symmetrie inszeniert wird (TC 0:50:01-0:51:25 / EP S. 127-130). Sie liefert ein Beispiel dafür, wie diese Illusion für den Zuschauer zur optischen Täuschung werden kann: Die Split-Screen-Montage, die hier zum Einsatz kommt, trennt die einzelnen Handlungsräume und führt sie dennoch als Ganzes zusammen. „Dabei entsteht der Eindruck, als stünden die beiden Zellen in einer Art ‚Bühnenarrangement' unmittelbar nebeneinander" (Wulff: 1991a, 133). Da verwundert es auch nicht weiter, dass sich das Geschehen vor geöffnetem Vorhang entfaltet, der rechts und links das Gesamtbild einrahmt. Das bekannte Theatermotiv scheint darauf hinzuweisen, dass hier eine Illusion inszeniert wird: Eine Illusion für Jan, da sie meint, mit einem anderen zu sprechen, als sie es tatsächlich tut, aber auf einer Metaebene auch eine Illusion für den Zuschauer, denn ihm wird in der Komposition von Bild und Ton suggeriert, die beiden getrennten Handlungsräume seien eine Einheit. Dies geschieht vor allem durch die streng durchkomponierte Bildebene. So ist jedes Einstellungspaar im Hinblick auf sein Äquivalent und das Gesamtarrangement gestaltet. Jans und Brads Badezimmer sind beinahe deckungsgleich, es herrschen ähnliche Farbtöne vor und auch die Einrichtungen stehen sich in nichts nach. Beide Badewannen sind nicht nur in der Farbe, sondern auch in der Höhe gleich, so dass es scheint, als säßen die beiden gemeinsam in einer großen Wanne. Jan und Brad haben ihr Telefon auf gleiche Weise neben der Badewanne platziert, wo es auf einem kleinen Beistelltischchen residiert. Im Telefondialog der Verliebten unterstreicht das Gesagte die Gesten, ineinander übergehenden Formen und Farben untermalen den Gesamteffekt und so ergibt sich allmählich aus der harmonischen Vereinigung von Farbe, Form und Stimme eine kinematografische Synästhesie. Und schließlich wird die Illusion zur optischen Täuschung, wenn Brad in einer kurzen Großaufnahme mit seinem Fuß Jans Fuß zu berühren scheint und diese daraufhin zurückweicht, so als ob er sie gekitzelt habe. Hier wird die Besonderheit der Split-Screen-Aufnahmen deutlich: „Daß sie sich für komödiantische Spielereien anbieten – ein Witz, der ganz und gar medial ist, reflexiv auf die filmische Form geht, in gewissem Sinne zu den Urtypen *metakinematographischen Klamauks* gehört." (Wulff: 1991a, 135). Indem in *Pillow Talk* ein bis ins kleinste Detail durchkomponiertes Gesamtarrangement die optische Trennlinie des Split-Screen-Verfahrens für den Zuschauer unsichtbar werden lässt, entsteht die Illusion, als seien die beiden Wahrnehmungs- und Handlungsräume der Protagonisten zu einem verschmolzen. Auch in *Lost Highway* scheinen die Wahrnehmungs- und Handlungsräume auf den ersten Blick miteinander zu verschmelzen, doch während sie in *Pillow Talk* durch die Illusion eines unsichtbaren Split-Screens filmtechnisch vereint werden, werden sie in *Lost Highway* beim Telefonat zwischen Fred und dem Mystery Man gar nicht erst getrennt, sondern existieren von Anfang an nebeneinander. Wo sich *Pillow Talk* die konventionellen Regeln der Kinematografie zu Nutze macht, erteilt ihnen *Lost Highway* eine Absage. Konstruktion und Dekonstruktion reichen einander die Hand.

3.3. Die Telefonzelle – ein Ort dazwischen

In einem Interview mit François Truffaut verriet Alfred Hitchcock, dass er im Hinblick auf *Dial M for Murder* gerne auch einmal einen gesamten Film in einer Telefonzelle drehen würde:

> Stellen wir uns doch mal ein Liebespaar in einer Telefonzelle vor. Ihre Hände berühren sich, ihre Münder treffen aufeinander, und zufällig schieben ihre Körper den Hörer von der Gabel. Jetzt, ohne daß das Paar es ahnt, kann das Telefonfräulein ihre intime Unterhaltung verfolgen. Das Drama ist um einen Schritt weitergekommen (Truffaut: 2003, 210).

Rund 50 Jahre später flimmert *Phone Booth* über die Leinwände – ein Film, bei dem über 60 Minuten eine Telefonzelle im Zentrum der Handlung steht. Der Plot ist jedoch weniger romantisch als in Hitchcocks Vision. Hier wartet kein Telefonfräulein in der Leitung, sondern ein skrupelloser Psychopath. *Phone Booth* verrät bereits im Titel, dass die Telefonzelle eine wichtige Rolle spielen wird. Sie ist nicht nur Schauplatz des Films, sondern nimmt auch für die Dramaturgie eine bedeutende Funktion ein. Stu sucht sie jeden Tag zur gleichen Zeit auf, um seine heimliche Geliebte Pamela McFadden anzurufen. Interessant ist das insofern, als dass Stu in seiner ersten Einstellung gezeigt wird, wie er mit seinem Handy in den überfüllten Straßen von New York mehrere geschäftliche Telefonate führt. Zwischendurch tauscht er sein Handy mit dem seines Assistenten, telefoniert weiter und gibt es ihm anschließend wieder zurück. Überhaupt sind die ersten Sequenzen von *Phone Booth* dem Handy gewidmet. Im Big Apple wird telefoniert, immer und überall, drinnen und draußen, beruflich und privat, ob jung oder alt, arm oder reich. Das Handy ist in der Alltäglichkeit angekommen. Wieso also sucht Stu eine Telefonzelle auf, um Pamela anzurufen? Die Antwort gibt er wenig später im Film selbst: Das Telefonat in der Telefonzelle wird nicht registriert. Die Telefonzelle bietet Stu die Sicherheit, dass seine geheimen Telefonate mit seiner heimlichen Geliebten keine Spuren hinterlassen. Zu Hause kontrolliert seine Frau Kelly regelmäßig die Telefonrechnungen, was ihn sehr leicht verraten könnte. Aber in einer Telefonzelle existieren die Telefonate nur für den Moment, in dem sie geführt werden. Insofern ist die Telefonzelle ein Ort, an dem viel passieren kann, aber nichts davon nach außen dringt. Betritt man sie und schließt die Tür hinter sich, so eröffnet sich eine ganz eigene Welt. Die Geräusche von außen dringen nur sehr gedämpft und abgeschwächt ins Innere, während alles, was innen gesprochen wird, ebenso wenig nach außen dringt. Da niemand Stus Gespräche mithören kann, garantiert die Telefonzelle auch ein hohes Maß an Anonymität. Obwohl es ja eigentlich das Mobiltelefon ist, das die große Freiheit verspricht, so sind seine Gespräche doch registrier- und nachweisbar. Stattdessen ist es die Telefonzelle, die in ihrer festen Verankerung mit der Erde manchmal mehr Freiheit bietet, als man glauben möchte. Sie schirmt Stus Telefonate akustisch vor der Öffentlichkeit ab und gewährleistet ihm so den nötigen Schutz seiner Privatsphäre. Und während sich die Außenwelt weiterdreht, eröffnet sich für Stu in der Telefonzelle ein neuer Realitätsraum. Bevor er sich auf diesen einlässt, zieht er seinen Ehering aus und legt ihn auf den Telefonkasten, so als ob er mit ihm auch seine alte Identität abstreifen könnte. Danach wählt er sich ein in eine Illusion, die er selbst geschaffen hat. In dieser Illusion ist er ein anderer – unverheiratet, beliebt und erfolgreich. Die Telefonzelle ist der Ort, an dem *Clark Kent* zu *Superman* wird. An diesem Ort scheint alles möglich zu sein. Auch Tony sucht in *Dial M for Murder* eine Telefonzelle auf, wenn er den Mord an Margot initiiert. Während Steven in *A Perfect Murder* sein makaberes Vorhaben vor allen Augen via Handy erledigen muss, kann sich Tony in den Schutz der Telefonkabine zurückziehen und sein Mordkommando unbeobachtet vollstrecken. Da sie ein neutraler Ort ist, scheint es, als könne man sie als unbescholtener Mensch betreten, einen Anruf zum Mord tätigen und sie anschließend als Verbrecher wieder verlassen, als sei nichts geschehen. Sie ist eine „topografische Schnittstelle“ (Müller: 1991, 202) zwischen Ober- und Unterwelt, zwischen Gut und Böse. Im Niemandsland der Telefonzelle herrschen eigene Gesetze. Hier ist der Telefonierende einerseits von der äußeren Welt abgeschirmt, andererseits wird innerhalb der Zelle eine weitere Realität etabliert. Vielleicht ist es gerade diese Dopplung der Realität, die es so einfach macht, einen Mordbefehl zu vollstrecken und dem ganzen Geschehen anschließend zuzuhören, wie in *Dial M for Murder*, oder ein Doppelleben zu führen wie in *Phone Booth*. Im letzteren Fall wird vor allem auch deutlich, wie schmal der Grat zwischen einer schützenden und einer bedrohlichen Telefonzelle sein kann. Der Zuschauer erlebt Stu in den ersten Minuten des Films als jemanden, dessen Welt von Kommunikationsnetzen umspannt ist. Nun kann ein Netz, wie wir gesehen haben, aber immer beides – *auf*fangen und *ein*fangen. Denn seine inhärente Eigenschaft ist ambivalent: „Das Netz kann dem, der hineingerät, Verderben bringen oder aber schützen und vor Verletzungen bewahren." (Roller: 2002, 23). So wird aus dem sicheren Ort der Telefonzelle auch schnell eine Bedrohung, wenn Stu nämlich instinktiv den Hörer abnimmt, als es plötzlich klingelt. „Die *charakteristische Unvorhersehbarkeit*, die das Läuten des Telefons begleitet, eröffnet ein Möglichkeitsfeld, das vielfältige Überraschungen bergen kann" (Lemaitre: 1991, 51). In diesem Fall beginnt mit dem angenommenen Gespräch die eigentliche Handlung. Am anderen Ende meldet sich eine unbekannte Stimme mit den Worten: „Isn't it funny? You hear a phone ring, and it could be anybody, but a ringing phone has to be answered, doesn't it" (TC 0:11:22-0:11:43 / EP S. 171)? Der anonyme Anrufer macht deutlich, wie sehr uns das Telefon schon in Fleisch und Blut übergegangen sein muss, wenn wir es einfach abnehmen, obwohl wir gar nicht wissen, ob der Anruf wirklich uns gilt. Außerdem schwingt der Zwang mit, den ein klingelndes Telefon auf uns ausübt. Es will und muss beantwortet werden. Im weiteren Verlauf des Films zeigt sich, dass das Telefon in einer Telefonzelle nicht nur Freiheit und Schutz bietet, sondern auch Gefahren birgt, weil man „natürlich auch damit rechnen muß, daß just jener Apparat Verbindungen zur Welt der Anomalen, der Verbrecher, der Psychopathen schafft" (Wulff: 1991b, 71). Die Telefonzelle wird spätestens dann zur Falle für Stu, als ihm die anonyme Stimme klar macht, dass er stirbt, wenn er auflegt. Hat Stu am Anfang die Tür der Telefonzelle noch fest hinter sich zugezogen, um von der Außenwelt abgeschirmt zu sein, so tritt er nun so weit er kann – oder besser gesagt: so weit es das Telefonkabel zulässt – aus der Kabine heraus, als wolle er dem unheimlichen Ort entfliehen. Hans Jürgen Wulff beschreibt die Telefonzelle als ein „Loch der allgemeinen Präsenz" (Wulff: 1991b, 62). In der Telefonzelle ist der Telefonierende „der Kontrolle und der Absicherung durch die anderen entzogen" (Wulff: 1991b, 62). Indem Stu aus der Telefonzelle tritt, signalisiert er, dass er zurück in die Realität will – weg von dem Alptraum, der sich zuvor in der Kabine entfaltet hat. Doch die anonyme Stimme übt so viel Macht auf ihn aus, dass er bis zum Schluss an die Telefonkabine gefesselt bleibt. Innerhalb kürzester Zeit, und nur durch einen einzigen Anruf, wird die Telefonzelle so vom schützenden Ort zur gefährlichen Falle.

In *Matrix* ist das ähnlich. Als Tor zwischen den Welten wird die Telefonzelle für die Protagonisten meist im letzten Augenblick zum rettenden Ausgang. Wahrscheinlich gibt es keine andere Vorrichtung, die sich besser in die Narration einfügen würde. Abgeschirmt von der Außenwelt bietet die Telefonzelle Schutz und Geborgenheit. Sie ist eine Schnittstelle zwischen realer und virtueller Welt, denn in ihr begibt sich der Anrufer auf eine neue Ebene der Wahrnehmung, wenn er telefoniert. Nicht umsonst wird sie daher in *Matrix* als Ausgang benutzt. Doch da ihre Schutzfunktion nur insofern gewährleistet ist, dass die Telefonverbindungen störungsfrei funktionieren, kann sie genauso schnell zur Falltür werden. Denn wenn die Verbindung gestört, oder das Kabel durchschnitten wird, wird das verkabelte Telefon schnell zum kabellosen und damit zum unsicheren Medium. Und im gleichen Atemzug verliert auch die Telefonzelle ihre schützende Aura. In einer Sequenz wird dies besonders deutlich dargestellt (TC 1:48:19-1:49:44): Gegen Ende des Films befreien Neo und Trinity Morpheus aus der Gewalt der Agenten. Zusammen flüchten sie in Richtung der U-Bahnstation. Dort, so teilt ihnen der Operator Tank über das Mobiltelefon mit, stehe ein Ausgang bereit. Im U-Bahnschacht befindet sich die rettende Telefonzelle. Eine Großaufnahme fängt den Telefonhörer ein, der rechts im Bild auf der Gabel hängt (TC 1:48:19-1:48:21). Das Telefon beginnt zu läuten. Im Hintergrund, durch die Glasscheibe der Telefonzelle aufgenommen, eilen Neo, Trinity und Morpheus die Treppen des U-Bahnschachts hinunter. Dann folgt ein Schnitt auf einen Obdachlosen, der am Ende der Plattform sein Lager aufgeschlagen hat. Er beobachtet, wie die drei Verfolgten an der Telefonzelle ankommen. Das Telefon klingelt erneut. Nun muss alles schnell gehen. Neo lässt Morpheus den Vortritt. Dieser geht in die Telefonzelle hinein und nimmt den Hörer ab. Sobald er ihn zum Ohr geführt hat, durchzieht ihn ein greller Lichtstrahl, der seinen Körper, sein virtuelles Erscheinungsbild, von oben nach unten auflöst. Ein digital verzerrtes Geräusch untermalt den visuellen Effekt des Verschwindens, während der Telefonhörer hinunterfällt. Der Obdachlose, der das ganze Spektakel beobachtet hat, kann seinen Augen kaum trauen. Seinem erschrockenen Gesichtsausdruck folgt ein Cross-Cut auf Agent Smith, der sich auf einem Wolkenkratzer befindet. Dies ist der Schauplatz der vorherigen Sequenz. Die Kamera zeigt Smith von hinten aus der Untersicht (TC 1:48:42-1:48:47). Als er sich mit einem entschlossenen Blick umdreht, wird klar, dass er soeben die Koordinaten der drei Flüchtigen ausfindig machen konnte. Nun wechselt das Bild erneut in den U-Bahnschacht. Neo nimmt den hinabhängenden Telefonhörer und hängt ihn zurück auf die Gabel. Trinity soll sich als nächste *ausloggen*, die Matrix über das Telefon verlassen. In einer Großaufnahme beginnt das Telefon erneut zu klingeln und bekundet seine Bereitschaft (TC 1:49:00). Als Trinity die Telefonzelle betritt, nimmt Mr. Smith die Gestalt des Obdachlosen an. Das Bild wechselt zu Trinity, die den Hörer abnimmt. Als sie sich mit dem Telefonhörer am Ohr umdreht, sieht sie, wie Agent Smith mit erhobener Waffe auf sie zu kommt. Es folgt ein Schuss, doch Trinity schafft es gerade noch, der Matrix zu entfliehen. Sie erwacht auf der Nebukadnezar aus ihrem Dämmerschlaf, während der Schuss die Hörmuschel zerstört. In der Telefonzelle blickt die Kamera von unten zu Neo hinauf. Im Vordergrund des Bildes hängt, mit geringer Schärfentiefe aufgenommen, der zerfetzte Telefonhörer vom Apparat herunter (TC 1:49:42-1:49:44). Mit seiner Zerstörung fällt auch das Tor zu, das eben noch zurück in die reale Welt führte. Stellt man sich die Matrix ihrer lateinischen Wortbedeutung nach als Gebärmutter vor, so könnte man noch ein Stückchen weitergehen und behaupten, das Telefonkabel sei die Nabelschnur in die Realität. Sobald diese Nabelschnur jedoch durchtrennt wird, verliert das Telefon seine Funktion als Ausgang. Und mit ihm wird auch die Telefonzelle zur verhängnisvollen Falle.

Schlusswort

Das Telefon hat uns auf den vergangenen Seiten durch seine Geschichte und seine verschiedenen Auftritte im Film begleitet. Es ließ uns teilhaben an den unterschiedlichsten Telefonmomenten und schenkte uns einen Eindruck von seiner funktionalen Bandbreite. Gedanklich hingen wir dabei immer mit an der Strippe. Bevor wir auflegen, lohnt es sich, seine Funktion im Spielfilm kurz zu rekapitulieren.

Meine vorangestellte Forschungsthese richtete ihr Augenmerk auf die ambivalenten Strukturen des Telefon(ieren)s. Diese drücken sich im Wechselspiel von Macht und Ohnmacht, Nähe und Ferne, Anonymität und Intimität, Einsamkeit und Zweisamkeit, sowie von Realität und Fiktionalität aus. Aus diesem Umstand, so habe ich behauptet, eignet sich das Telefon optimal dazu, ambivalente Sachverhalte im Film zu thematisieren, wodurch es für die Dramaturgie immer wieder neue Grundlagen schafft. Die Analyse der Filme hat gezeigt, dass das Telefon aufgrund seiner ambivalenten Strukturen multifunktional einsetzbar ist, weil zwischen Nähe und Ferne, Macht und Ohnmacht, Anonymität und Intimität, Realität und Fiktion immer wieder starke Reibungspunkte entstehen, die den Spannungsbogen aktiv beeinflussen, und nicht selten entwickelt sich auf dem Weg vom Sender zum Empfänger eine enorme Fallhöhe.

In den analysierten Filmen hat sich das Telefon als wahrer Verwandlungskünstler erwiesen: Es war Lügentransformator und Beichtvater, Mordkomplize und Friedensstifter, Intimitäts- und Anonymitätsmaschine, es hat Macht und Ohnmacht, Realität und Fiktion, sowie Nähe und Ferne miteinander verbunden. Oft wird diese eigentümlichen „Fernnähe beim Sprechen in die Ferne“ (Becker: 1994, 11) im Film zur Thematisierung von dysfunktionalen Beziehungen verwendet. Wie in *Denise Calls Up* oder *Paris, Texas* spiegeln sich dann die emotionalen Distanzen der Protagonisten in den Distanzen wider, die das Telefon zwar überwindet, jedoch nicht entfernen kann. Die Paradoxie eines Telefonats wird so zur *„Fundamentalmetapher* für die Problematik zwischenmenschlicher Beziehung“ (Debatin: 1991b, 21). Auch das Wechselverhältnis von Anonymität und Intimität, die ein Telefon erzeugt, wird im Film auf undenklich vielseitige Weise umgesetzt. So erhält es auf der einen Seite einen positiven Charakter, indem die Anonymität schützend wirkt und zu viel Intimität diskret beseitigt (bzw. verdrängt), wie in *Pillow Talk*, *Paris, Texas* oder *Denise Calls Up*. Auf der anderen Seite kann aber auch ein negativer Charakter daraus entstehen, wenn die Intimität verletzt wird und die Anonymität böswillig in den privaten Raum einbricht. So ist es in *Phone Booth* der Fall, aber auch in *Wall Street*, *A Perfect Murder*, *Lost Highway* und *Metropolis*. *Phone Booth* schlägt aus den ambivalenten Eigenschaften des Telefonierens sogar mehrfach Kapital: Dieser Film lässt den gesamten Spannungsbogen entstehen, indem ein anonymer Anrufer mit der ganzen Macht seiner Stimme in die Intimität einer bestehenden Situation einfällt und die etablierten Machtverhältnisse komplett umdreht. Zusätzlich entwickelt sich – wie es auch in *Matrix* der Fall ist – eine Bedeutungsdichotomie, die eine Telefonzelle gleichzeitig zum schützenden Panzer sowie zur bedrohlichen Falle werden lässt.

In der Analyse hat sich schnell abgezeichnet, dass die Funktionen des Telefons fließend ineinander übergehen, dass die Grenzen der Kategorien verwischen. Ein Telefonat kann eben immer alles beinhalten, so will es seine ambivalente Grundstruktur. Dies geht zurück bis auf das Klingeln. Schon alleine dieses technische Signal beinhaltet die Dichotomie aus Abheben und dessen Verneinung. Nimmt man ab, wird unweigerlich Handlung ausgelöst, ein neuer Abschnitt beginnt. Das Telefon wird so zum handlungsauslösenden und bedeutungsgebenden Element im Film. In *Dial M for Murder* und *A Perfect Murder* wird alleine durch das Klingeln eines Telefons ein Mord ausgelöst. Das Leben hängt am seidenen Faden, der nicht selten ein Kupferdraht ist, und das Abnehmen oder Ablehnen wird zur entscheidenden Handlung. Auch *Phone Booth* und *Matrix* funktionieren so. Im ersteren Film bringt ein klingelndes Telefon die ganze Handlung erst richtig ins Rollen, während es für den letzteren immer auch ein Ausgang von der Fiktion in die Wirklichkeit bedeutet. Wieder fließen die Funktionen ineinander. Im telefonischen Wechselspiel zwischen Realität und Virtualität können im Film jegliche Art von Illusionen thematisiert werden. Diese reichen von Telefonlügen über Telefonlieben bis hin zu Telefonliebesspielen. Über das Filmtelefonat werden aber auch für den Zuschauer Illusionen produziert, weil sie ihm die telefonischen Wahrnehmungsräume der Protagonisten durch spezielle Montage-Techniken immer als Einheit lesbar machen. Dies kann so weit führen, dass die Illusion zur optischen Täuschung wird, weil das Telefonat einer vis-à-vis Begegnung gleicht wie in *Pillow Talk*, oder aber längst zur vis-à-vis Begegnung geworden ist wie in *Lost Highway*. Dort müssen die verschiedenen Wahrnehmungsräume des Telefonats nicht mehr durch Montage-Verfahren nachhaltig zusammengeführt werden, weil sie schon von vorne herein zusammenfallen. In *Lost Highway* zeigt sich, dass die Funktionskategorien über ein bloßes Vermischen hinausgehen – sie existieren nebeneinander und entziehen sich daher jedweder Kategorisierung.

Wie wir gesehen haben, zeichnet sich das Telefon im Film durch seine Vielseitigkeit und Multifunktionalität aus. Es ist ein technisches Chamäleon, weil sein inhärenter *Wesenszug* ambivalent ist, und diese ambivalenten Grundstrukturen werden sicherlich immer wieder neue Ansatzpunkte für die dramaturgische Umsetzung im Film liefern. Wahrscheinlich wird der Facettenreichtum des Telefon(ieren)s auch in Zukunft die Inspiration der Filmemacher anregen. Wir können daher gespannt sein.

Auf Wiederhören, Telefon! Wir sehen uns im Kino.

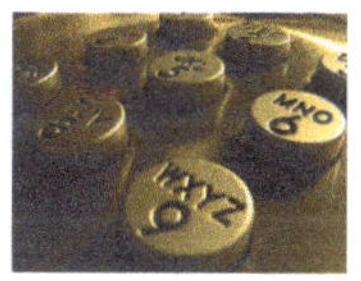

Bibliografie

Andritzky, Michael/Hauer, Thomas (2002): Alles, was Netz ist. In: Andritzky, Michael/Beyrer, Klaus (Hrsg.), *Das Netz: Sinn und Sinnlichkeit vernetzter Systeme*. Heidelberg: Edition Braus, S. 11-19.

Apraku, Eva (2000): Telefonsex – die bequeme Nummer. In: Baumann, Margret/Gold, Helmut (Hrsg.), *Mensch Telefon: Aspekte telefonischer Kommunikation*. Heidelberg: Edition Braus, S. 172-181.

Bannasch, Bettina (2000): Was macht das Telefon im Buch? In: Münker, Stefan/Roesler Alexander (Hrsg.), *Telefonbuch: Beiträge zu einer Kulturgeschichte des Telefons*. Frankfurt am Main: Suhrkamp Verlag, S. 83-100.

Barthes, Roland (1984): *Fragmente einer Sprache der Liebe*. Frankfurt am Main: Suhrkamp Verlag.

Baumann, Margret (2000): Eine kurze Geschichte des Telefonierens. In: Baumann, Margret/Gold, Helmut (Hrsg.), *Mensch Telefon: Aspekte telefonischer Kommunikation*. Heidelberg: Edition Braus, S. 11-55.

Baumgarten, Franziska [1931]: Psychologie des Telephonierens. In: Forschungsgruppe Telefonkommunikation (Hrsg.) (1989): Telefon und Gesellschaft: Beiträge zu einer Soziologie der Telefonkommunikation, Bd. 1, Berlin: Spiess, S. 187-196.

Becker, Jörg (1994): Einleitung: Über die Fernnähe beim Sprechen in die Ferne. In: ders. (Hrsg.), *Fern-Sprechen: Internationale Fernmeldegeschichte, -soziologie und -politik*. Berlin: Vistas Verlag, S. 11-25.

Benjamin, Walter (1955): *Einbahnstrasse*. Berlin/Frankfurt am Main: Suhrkamp Verlag.

Bennat, Patrick/Möller-Naß, Karl-Dietmar (1991): Telefon-Plots. In: Forschungsgruppe Telefonkommunikation (Hrsg.), *Telefon und Kultur: Das Telefon im Spielfilm*. Reihe Telefon und Gesellschaft, Bd. 4, Berlin: Spiess, S. 235-246.

Beyrer, Klaus (2000): Johann Philipp Reis – Alexander Graham Bell. Zwei Pioniere des Telefons. In: Baumann, Margret/Gold, Helmut (Hrsg.), *Mensch Telefon: Aspekte telefonischer Kommunikation*. Heidelberg: Edition Braus, S. 57-74.

Bräunlein, Jürgen (2000): Bist du noch dran? Rituale telefonischer Kommunikation. In: Baumann, Margret/Gold, Helmut (Hrsg.), *Mensch Telefon: Aspekte telefonischer Kommunikation*. Heidelberg: Edition Braus, S. 143-155.

Bülow, Edeltraud (1990): Sprechakt und Textsorte in der Telefonkommunikation. In: Forschungsgruppe Telefonkommunikation (Hrsg.), *Telefon und Gesellschaft: Internationaler Vergleich – Sprache und Telefon – Telefonseelsorge und Beratungsdienste – Telefoninterviews*, Bd. 2, Berlin: Spiess, S. 300-312.

Burger, Harald (1984): *Sprache der Massenmedien*. Berlin/New York: De Gruyter.

Chion, Michel (1999): *The voice in cinema*. Edited and translated by Claudia Gorbman. New York: Columbia University Press.

Culler, Jonathan (2002): *Literaturtheorie: Eine kurze Einführung*. Aus dem Englischen von Andreas Mahler. Stuttgart: Reclam.

Debatin, Bernhard (1991a): Einleitung: Das Telefon als Labor der Kommunikationswissenschaft und das Filmtelefonat im kommunikationstheoretischen Labor. In: Forschungsgruppe Telefonkommunikation (Hrsg.), *Telefon und Kultur: Das Telefon im Spielfilm*. Reihe Telefon und Gesellschaft, Bd. 4, Berlin: Spiess, S. 15-20.

Debatin, Bernhard (1991b): Riskante Gespräche: Kommunikationsstörungen und -abbrüche im (Film-) Telefonat. In: Forschungsgruppe Telefonkommunikation (Hrsg.), *Telefon und Kultur: Das Telefon im Spielfilm*. Reihe Telefon und Gesellschaft, Bd. 4, Berlin: Spiess, S. 21-47.

Debatin, Bernhard/Wulff Hans Jürgen (1991): Vorwort: Das Telefon geht ins Kino... In: Forschungsgruppe Telefonkommunikation (Hrsg.), *Telefon und Kultur: Das Telefon im Spielfilm*. Reihe Telefon und Gesellschaft, Bd. 4, Berlin: Spiess, S. 9-12.

Dolar, Mladen (1998): Der Zuschauer, der zuviel wußte. In: Žižek, Slavoj et.al.: *Ein Triumph des Blicks über das Auge. Psychoanalyse bei Hitchcock*. Aus dem Englischen von Isolde Charim et.al. Zweite Auflage, Wien: Turia und Kant, S. 127-134.

Duncan, Paul (2003): *Alfred Hitchcock: Architekt der Angst 1899-1980*. Übersetzung ins Deutsche von Paul Klock. Köln: Taschen.

Eco, Umberto (1993): *Wie man mit einem Lachs verreist und andere nützliche Ratschläge*. Aus dem Italienischen von Günter Memmert und Burkhart Kroeber. München/Wien: Carl Hanser Verlag.

Feldvoß, Marli (2000): Telefon und Kino. Vom gemeinsamen Ursprung zur idealen Partnerschaft. In: Baumann, Margret/Gold, Helmut (Hrsg.), *Mensch Telefon: Aspekte telefonischer Kommunikation*. Heidelberg: Edition Braus, S. 199-213.

Fleig, Horst (2005): *Wim Wenders. Hermetische Filmsprache und Fortschreiben antiker Mythologie*. Bielefeld: Transcript Verlag.

Freud, Sigmund [1912]: Ratschläge für den Arzt bei der psychoanalytischen Behandlung. In: Mitscherlich, Alexander et. al. (Hrsg.) (1975): *Schriften zur Behandlungstechnik: Sigmund Freud Studienausgabe,* Ergänzungsband, Frankfurt am Main: S. Fischer Verlag, S. 169-180.

Freud, Sigmund [1925]: Notiz über den »Wunderblock«. In: Mitscherlich et. al. (Hrsg.) (1975): *Psychologie des Unbewußten: Sigmund Freud Studienausgabe*. Bd. 3, zweite korrigierte Auflage. Frankfurt am Main: S. Fischer Verlag, S. 363-369.

Freud, Sigmund [1930]: Das Unbehagen in der Kultur. In: Grubrich-Semitis, Ilse (Hrsg.) (2007): *Das Unbehagen in der Kultur und andere kulturtheoretische Schriften*. Zehnte, unveränderte Auflage, Frankfurt am Main: Fischer Taschenbuch Verlag, S. 29-108.

Ganter, Matthias (2003): *Wim Wenders und Jacques Derrida: Zur Vereinbarkeit des Filmschaffens von Wim Wenders mit Jacques Derridas dekonstruktiver Literaturtheorie.* Marburg: Tectum Verlag.

Genth, Renate/Hoppe, Joseph (1986): *Telephon! Der Draht, an dem wir hängen.* Berlin: Transit Buchverlag.

Goffman, Erving (1977): *Rahmen-Analyse. Ein Versuch über die Organisation von Alltagserfahrungen.* Frankfurt am Main: Suhrkamp Verlag.

Gold, Helmut (2000). „Hän di koi Schnur?" Die Entwicklung der Mobiltelefonie in Deutschland. In: Baumann, Margret/Gold, Helmut (Hrsg.), *Mensch Telefon: Aspekte telefonischer Kommunikation.* Heidelberg: Edition Braus, S. 77-91.

Gutwinski-Jeggle, Jutta/Jeggle Utz (1990): Der telefonische Anrufbeantworter: Über Behagen und Unbehagen im Umgang mit einer kulturellen Errungenschaft. In: Bausinger, Hermann (Hrsg.), *Redeweisen: Aspekte gesprochener Sprache.* Tübinger Vereinigung für Volkskunde, Studien & Materialien Bd. 5, Tübingen: Gulde-Druck, S. 18-30.

Hess-Lüttich, Ernest W. B. (1990): Das Telefonat als Mediengesprächstyp. In: Forschungsgruppe Telefonkommunikation (Hrsg.), *Telefon und Gesellschaft: Internationaler Vergleich – Sprache und Telefon – Telefonseelsorge und Beratungsdienste – Telefoninterviews*, Bd. 2, Berlin: Spiess, S. 281-299.

Hörisch, Jochen (2001): *Der Sinn und die Sinne: Eine Geschichte der Medien.* Frankfurt am Main: Eichborn Verlag.

Hörisch, Jochen (2004): *Gott, Geld, Medien: Studien zu den Medien, die die Welt im Innersten zusammenhalten.* Frankfurt am Main: Suhrkamp.

Holtgrewe, Ursula (1989): Die Arbeit der Vermittlung – Frauen am Klappschrank. In: Hessische Vereinigung für Volkskunde (Hrsg.), *Telefonieren.* Hessische Blätter für Volks- und Kulturforschung, Bd. 24, Marburg: Jonas Verlag, S. 113-124.

Koch, Klaus-Peter (1991): Sicherheit versus Bedrohung: Telefonmotive im Thriller. In: Forschungsgruppe Telefonkommunikation (Hrsg.), *Telefon und Kultur: Das*

Telefon im Spielfilm. Reihe Telefon und Gesellschaft, Bd. 4, Berlin: Spiess, S. 207-219.

Köhler, Heinz-Jürgen/Wulff, Hans Jürgen (2000): Filmtelefonate. In: Münker, Stefan/Roesler Alexander (Hrsg.), *Telefonbuch: Beiträge zu einer Kulturgeschichte des Telefons*. Frankfurt am Main: Suhrkamp Verlag, S. 125-141.

Korff, Gottfried (1990): Ikonographische Telefonnotizen. In: Forschungsgruppe Telefonkommunikation (Hrsg.), *Telefon und Gesellschaft: Internationaler Vergleich – Sprache und Telefon – Telefonseelsorge und Beratungsdienste – Telefoninterviews*, Bd. 2, Berlin: Spiess, S. 455-462.

Korte, Helmut (2004): *Einführung in die Systematische Filmanalyse: Ein Arbeitsbuch*. Dritte, überarbeitete und erweiterte Ausgabe. Berlin: Erich Schmidt Verlag.

Lemaitre, Jaques (1991): Das Telefon im Kino oder *Le halo de la signification*. In: Forschungsgruppe Telefonkommunikation (Hrsg.), *Telefon und Kultur: Das Telefon im Spielfilm*. Reihe Telefon und Gesellschaft, Bd. 4, Berlin: Spiess, S. 49-60.

Mascelli, Joseph V. (1973): *The Five C's of Cinematography: Motion Picture Filming Techniques Simplified*. Fünfte Auflage. Hollywood: Cine/Grafic Publications.

McLuhan, Marshall (1968a): *Die Gutenberg-Galaxis: Das Ende des Buchzeitalters*. Düsseldorf/Wien: Econ Verlag.

McLuhan, Marshall (1968b): *Die magischen Kanäle: Understanding Media*. Düsseldorf/Wien: Econ Verlag.

McLuhan, Marshall/Powers, Bruce R. (1995): *The Global Village: Der Weg der Mediengesellschaft in das 21. Jahrhundert*. Paderborn: Junfermann Verlag.

Mertens, Reinhold (1990): Anders telefonieren – neue Telefondienste im Alltag. In: Forschungsgruppe Telefonkommunikation (Hrsg.), *Telefon und Gesellschaft: Internationaler Vergleich – Sprache und Telefon – Telefonseelsorge und Beratungsdienste – Telefoninterviews*, Bd. 2, Berlin: Spiess, S. 54-62.

Mikos, Lothar (2008): *Film- und Fernsehanalyse.* Zweite, überarbeitete Auflage. Konstanz: UTB.

Müller, Robert (1991): Tough Guys, Tommy Guns and Telephones: Zur Funktion des Telefons im amerikanischen Gangsterfilm. In: Forschungsgruppe Telefonkommunikation (Hrsg.), *Telefon und Kultur: Das Telefon im Spielfilm.* Reihe Telefon und Gesellschaft, Bd. 4, Berlin: Spiess, S. 191-205.

Münker, Stefan (2000): Vermittelte Stimmen, elektrische Welten: Anmerkungen zur Frühgeschichte des Virtuellen. In: Münker, Stefan/Roesler Alexander (Hrsg.), *Telefonbuch: Beiträge zu einer Kulturgeschichte des Telefons.* Frankfurt am Main: Suhrkamp Verlag, S. 185-198.

Peters, John Durham (2000): Das Telefon als theologisches und erotisches Problem. Deutsch von Stefan Münker. In: Münker, Stefan/Roesler Alexander (Hrsg.), *Telefonbuch: Beiträge zu einer Kulturgeschichte des Telefons.* Frankfurt am Main: Suhrkamp Verlag, S. 61-82.

Pinaud, Christian (1990): "Wechselspiele". In: Forschungsgruppe Telefonkommunikation (Hrsg.), *Telefon und Gesellschaft: Internationaler Vergleich – Sprache und Telefon – Telefonseelsorge und Beratungsdienste – Telefoninterviews*, Bd. 2, Berlin: Spiess, S. 237-242.

Poschardt, Ulf (2002): *Cool.* Rinbek: Rowohlt Taschenbuch Verlag.

Postman, Neil (2003): *Wir amüsieren uns zu Tode: Urteilsbildung im Zeitalter der Unterhaltungsindustrie.* 15. Auflage. Frankfurt am Main: Fischer Taschenbuch Verlag.

Reischl, Gerald/Sundt, Heinz (1999): *Die mobile Revolution: Das Handy der Zukunft und die drahtlose Informationsgesellschaft.* Wien/Frankfurt: Wirtschaftsverlag Ueberreuter.

Roller, Franziska (2002): Fangen – Halten – Zeigen – Spielen: Zur Geschichte des Netzes als Alltagsgegenstand. In: Andritzky, Michael/Beyrer, Klaus (Hrsg.), *Das Netz: Sinn und Sinnlichkeit vernetzter Systeme.* Heidelberg: Edition Braus, S. 19-31.

Rosen, Jay (1994): Gleiches Recht auf Ungleichheit: Zur Soziologie des Anrufbeantworters. In: Becker, Jörg (Hrsg.), *Fern-Sprechen: Internationale Fernmeldegeschichte, -soziologie und -politik.* Berlin: Vistas Verlag, S. 368-371.

Schegloff, Emanuel A (1972): Sequencing in Conversational Openings. In: Gumperz, John J./Hymes, Dell (Hrsg.), *Directions in Sociolinguistics. The Ethnography of Communication.* New York etc.: Holt, Rinehart and Winston. S. 346-381.

Schwender, Clemens (2000): „Für Juden verboten!" In: Baumann, Margret/Gold, Helmut (Hrsg.), *Mensch Telefon: Aspekte telefonischer Kommunikation.* Heidelberg: Edition Braus, S. 93-103.

Seeßlen, Georg (2003): *David Lynch und seine Filme.* Fünfte, erweiterte und überarbeitete Auflage. Marburg: Schüren Verlag.

Spohn, Annette (2000): Im Angesicht des Abwesenden: Das Telefon in der bildenden Kunst. In: Münker, Stefan/Roesler Alexander (Hrsg.), *Telefonbuch: Beiträge zu einer Kulturgeschichte des Telefons.* Frankfurt am Main: Suhrkamp Verlag, S. 101-124.

Stöber, Rudolf (2003): *Mediengeschichte: Die Evolution „neuer" Medien von Gutenberg bis Gates. Eine Einführung. Band 1: Presse – Telekommunikation.* Wiesbaden: Westdeutscher Verlag.

Thomas, Frank (1989): Das Telefon während des ersten Weltkriegs. Post und Militär im Konflikt um ein technisches System. In: Hessische Vereinigung für Volkskunde (Hrsg.), *Telefonieren.* Hessische Blätter für Volks- und Kulturforschung, Bd. 24, Marburg: Jonas Verlag, S. 91-104.

Truffaut, François (2003): *Mr. Hitchcock, wie haben Sie das gemacht?* Dritte Auflage, München: Wilhelm Heyne Verlag.

Wessel, Horst A. (2000): Das Telefon – ein Stück Alltagsgegenwart. In: Münker, Stefan/Roesler Alexander (Hrsg.), *Telefonbuch: Beiträge zu einer Kulturgeschichte des Telefons.* Frankfurt am Main: Suhrkamp Verlag, S. 13-34.

Wiegmann, Hermann (1990): Zur Rhetorik telefonischer Kommunikation. In: Forschungsgruppe Telefonkommunikation (Hrsg.), *Telefon und Gesellschaft: Internationaler Vergleich – Sprache und Telefon – Telefonseelsorge und Beratungsdienste – Telefoninterviews*, Bd. 2, Berlin: Spiess, S. 313-318.

Wirth, Uwe (2000): Piep. Die Frage nach dem Anrufbeantworter. In: Münker, Stefan/Roesler Alexander (Hrsg.), *Telefonbuch: Beiträge zu einer Kulturgeschichte des Telefons.* Frankfurt am Main: Suhrkamp Verlag, S. 161-184.

Wulff, Hans Jürgen (1991a): Ikonographie, Szenentransition, Narration: Zur Analyse der Beziehungen zwischen filmischer Form und filmischem Telefonat. In: Forschungsgruppe Telefonkommunikation (Hrsg.), *Telefon und Kultur: Das Telefon im Spielfilm.* Reihe Telefon und Gesellschaft, Bd. 4, Berlin: Spiess, S. 127-165.

Wulff, Hans Jürgen (1991b): Telefon im Film / Filmtelefonate: Zur kommunikationssoziologischen Beschreibung eines komplexen Situationstyps. In: Forschungsgruppe Telefonkommunikation (Hrsg.), *Telefon und Kultur: Das Telefon im Spielfilm.* Reihe Telefon und Gesellschaft, Bd. 4, Berlin: Spiess, S. 61-105.

Zelger, Sabine (1997): *„Das Pferd frißt keinen Gurkensalat": eine Kulturgeschichte des Telefonierens.* Wien et al.: Böhlau Verlag.

Zerdick, Axel (1990): Die Zukunft des Telefons – Zum Wechselverhältnis sozialpsychologischer und ökonomischer Faktoren. In: Forschungsgruppe Telefonkommunikation (Hrsg.), *Telefon und Gesellschaft: Internationaler Vergleich – Sprache und Telefon – Telefonseelsorge und Beratungsdienste – Telefoninterviews*, Bd. 2, Berlin: Spiess, S. 9-23.

Internet-Quelle:

http://www.bstu.bund.de/cln_028/nn_713802/DE/MfS-DDR-Geschichte/Grundwissen/Struktur-und-Aufgaben-des-MfS/aufgaben_abteilung_26.html_nnn=true.

Zugriff am 18. Mai 2009.

Anhang

Quellenangabe:

Zitat von Marshall McLuhan aus: *Die magischen Kanäle: Understanding Media.* Düsseldorf/Wien: Econ-Verlag. 1968, S. 292.

Bildnachweise:

Cover und Seite 1: © 2008 Bernd Boscolo / PIXELIO

Inhaltsverzeichnis: © Kai Jansen / PIXELIO

Bibliografie: © Samuel G. / PIXELIO

Anhang: © Rainer Sturm / PIXELIO

Chronologische Filmografie:

Der Überschaubarkeit wegen sind hier auch die in der Analyse erwähnten Figuren/Schauspieler in alphabetischer Reihenfolge aufgeführt.

Metropolis	**(Fritz Lang): D: 1927, UFA, 118 Min.**
	Alfred Abel: Joh Fredersen
	Gustav Fröhlich: Freder Fredersen
	Heinrich George: Grot
	Brigitte Helm: Maria
	Theodor Loos: Josaphat

Dial M for Murder	**(Alfred Hitchcock): USA, 1954, Warner, 101 Min.**
	Robert Cummings: Mark Halliday
	Antony Dawson: Charles Alexander Swann
	Grace Kelly: Margot
	Ray Milland: Tony Wendice
Pillow Talk	**(Michael Gordon): USA, 1959, Arwin Productions, 98 Min.**
	Doris Day: Jan Morrow
	Rock Hudson: Brad Allen/Rex Stetson
	Tony Randall: Jonathan Forbes
	Thelma Ritter: Alma
Paris, Texas	**(Wim Wenders): D/F, 1984, Road Movies Filmproduktion / Argos Films, 139 Min.**
	Hunter Carson: Hunter
	Nastassja Kinski: Jane
	Harry Dean Stanton: Travis
	Dean Stockwell: Walt
Wall Street	**(Oliver Stone): USA, 1985, Twentieth Century Fox, 121 Min.**
	Michael Douglas: Gordon Gekko
	Daryl Hannah: Darien
	Charlie Sheen: Bud Fox
Denise Calls Up	**(Hal Salwen): USA, 1995, Davis Entertainment & Skyline Entertainment Partners/Dark Matter Productions, 79 Min.**

Timothy Daly: Frank

Caroleen Feeney: Barbara

Dan Gunther: Martin

Sylvia Miles: Gales Tante

Liev Schreiber: Jerry

Aida Turturro: Linda

Alana Ulbach: Denise

Dana Wheeler-Nicholson: Gale

Lost Highway **(David Lynch): F/USA, 1997, CiBy 2000/Asymmetrical Productions, 135 Min.**

Patricia Arquette: Renee/Alice

Robert Blake: Mystery Man

Balthazar Getty: Pete Dayton

Natasha Gregson Wagner: Sheila

Robert Loggia: Dick Laurent/Mr. Eddy

Michael Massee: Andy

Bill Pullman: Fred Madison

A Perfect Murder **(Andrew Davis): USA, 1998, Warner, 103 Min.**

Michael Douglas: Steven Taylor

Viggo Mortensen: David Shaw

Gwyneth Paltrow: Emily Bradford Taylor

Matrix **(Andy und Larry Wachowski): USA, 1999, Warner, 131 Min.**

Julien Arahanga: Apoc

Marcus Chong: Tank

Laurence Fishburne: Morpheus

Gloria Foster: Das Orakel

Belinda McClory: Switch

Carrie-Ann Moss: Trinity

Joe Pantoliano: Cypher

Keanu Reeves: Neo/Thomas A. Anderson

Hugo Weaving: Agent Smith

Phone Booth **(Joel Schumacher): USA, 2002, Fox 2000 Pictures, 78 Min.**

Colin Farrell: Stuart (Stu) Shepard

Katie Holmes: Pamela McFadden

Radha Mitchell: Kelly Shepard

Kiefer Sutherland: Anonymer Anrufer

Einstellungsprotokolle:

Die Einstellungsprotokolle sollen diejenigen Sequenzen der Filme veranschaulichen, die in der Studie zuvor analysiert wurden, weil das Telefon in ihnen eine entscheidende Funktion einnimmt. Zur besseren Orientierung sind hier die Filme chronologisch aufgeführt. Kamera-Position, -Bewegung und Einstellungsgröße wurden in der Bild-Spur wie folgt abgekürzt:

AH = Augenhöhe
AM = Amerikanische
AS = Aufsicht
D = Detail
DS = Drehschwenk
EF = Einfahrt
F = Fahrt
FP = Froschperspektive
FS = Frontalsicht
G = Groß
HF = Hochfahrt
HK = Handkamera
HT = Halbtotale
l = links
LF = Linksfahrt
LS = Linksschwenk
n = nach
N = Nah
o = oben
OS = Obersicht

P = Panorama
PF = Parallelfahrt
r = rechts
RA = Ranfahrt
RF = Rechtsfahrt
RS = Rechtsschwenk
RSS = Reißschwenk
RZ = Rückwärtszoom
RÜ = Rückfahrt
S = Schwenk
St = Statik
T = Totale
u = unten
UF = Umfahrt
US = Untersicht
v = von
VP = Vogelperspektive
W = Weit
Z = Zoom

Einstellungsprotokoll *Metropolis*: Zweiter Auftritt des Telefons

Es muss an dieser Stelle angemerkt werden, dass von dem Film Metropolis nur ein unvollständiges Originalnegativ und unvollständige Kopien gekürzter und veränderter Fassungen erhalten sind. Die restaurierte Fassung enthält neben den originalen Zwischentiteln auch solche, die im Nachhinein montiert wurden, um den Inhalt der fehlenden Teile zum Verständnis des Geschehens wiederzugeben. Diese nachmontierten Zwischentitel sind in der restaurierten Filmfassung durch eine andere Schrift gekennzeichnet und im folgenden Einstellungsprotokoll mit einem * versehen.

E-Nr.	E-Länge/ Zählwerk (h:m:s)	Bild-Spur				Ton-Spur		
		E-Größe	K-Position	K-Bewegung	H-Ort/E-Inhalt	Sprache/Dialog	Geräusche	Musik
1.	1:30:11 – 1:30:19 (8“)	T	v r, AH	St	In der Schaltzentrale: Das Telefon hängt an der Wand rechts im Bild. Die Salontür links geht auf, Fredersen tritt herein. Er geht zum Telefon und nimmt das Papierband der telegrafischen Ausdrucke aus dem Korb darunter. Er liest die Mitteilung mit gesenktem Kopf.	--	--	Marschartige Streichmusik, die Schritte Fredersens untermalend, abwechselnd mit tonleiterartiger, schneller Melodiefolge von Blasinstrumenten.
2.	1:30:19 – 1:30:23 (4“)	T	v r, AH	St	Frederesen blickt auf, stellt sich vor das Telefon und dreht an einem Zahlenrad an der rechten Seite der Telefon-Apparatur.	--	--	s.o.
3.	1:30:23 – 1:30:42 (19“)	N	v r, AH	St	Fredersen von hinten schräg in Richtung des Telefons gedreht: Er dreht an einem Zahlenrad an der linken Seite der Telefon-Apparatur. Auf dem Bildschirm erscheinen die Leuchtziffern *HM 2*. Fredersen wendet den Kopf nach rechts und dreht an einem Knopf auf der rechten Seite. Auf dem Bildschirm erscheinen überlagerte Bilder von Maschinen (Überblendung). Er justiert das Bild, indem er an einem Knopf rechts dreht. Das Bild wird	--	--	s.o.

					scharf, und es erscheint der Maschinenraum der Herzmaschine auf der Bildfläche. Fredersen greift zum Hörer, während auf dem Bildschirm der erste Werkmeister Grot im Maschinenraum nervös auf und ab geht. Fredersen hält den Hörer ans Ohr, den Bildschirm beobachtend, und drückt mehrmals hintereinander auf einen kleinen Knopf an der rechten Seite des Telefonapparats.			
4.	1:30:42 – 1:30:44 (2“)	T	sehr leichte US	St	Im Maschinenraum: Grot läuft nervös hin und her. Links an der Wand auf dem Telefonapparat blinken mehrmals zwei Lämpchen auf. Er sieht es und eilt zum Telefon.	--	--	s.o.
5.	1:30:44 – 1:30:51 (7“)	N	v r, AH	St	In der Schaltzentrale: Fredersen beobachtet Grot auf dem Bildschirm, wie er zum Telefon eilt und den Hörer abnimmt. Er dreht sich seitlich ins Profil. Grot spricht nervös zu ihm.	--	--	s.o. Beim Gespräch: Blasinstrumente, ruhiger werdende Tonabfolge
6.	1:30:51 – 1:30:54 (3“)	G	Von r, AH	St	Fredersen hält den Hörer ans Ohr, sein Körper ist seitlich gedreht. Er befiehlt in das Telefon.	--	--	Ruhige Tonabfolge, Orchestermusik
7.	1:30:54 – 1:30:58 (4“)	--	--	--	Dialogtitel: „Öffnen Sie die Tore!“	--	--	Schneller werdende Tonabfolge, leicht veränderte Melodie, aber wiederkehrendes Motiv (marschartige Musik) vom Anfang der Sequenz.
8.	1:30:58 – 1:31:00 (2“)	N	v r, AH	St	Im Maschinenraum: Grot schreit in das Telefon, lehnt sich wild gestikulierend dagegen.	--	--	s.o.
9.	1:31:00 – 1:31:02 (2“)	N	v r, AH	St	In der Schaltzentrale: Fredersen steht seitlich zum Bildschirm, auf welchem Grot wild mit den Armen fuchtelt und in den Hörer schreit.	--	--	s.o.

10.	1:31:02 – 1:31:03 (1“)	G	v r, AH	St	Fredersen, seitlich zum Bildschirm gedreht mit dem Hörer am Ohr, befiehlt ein zweites Mal, jetzt energischer.	--	--	s.o.
11.	1:31:03 – 1:31:08 (5“)	--	--	--	Dialogtitel: „Du sollst die Tore öffnen!“	--	--	s.o.
12.	1:31:08 – 1:31:09 (1“)	G	v r, AH	St	Fredersen, seitlich, ballt die Faust, zornig gestikulierend.	--	--	s.o.
*13.	1:31:09 – 1:31:15 (6“)	* --	* --	* --	*Zwischentitel nachmontiert: Grot warnt Fredersen: „Wenn die Herzmaschine zugrunde geht, bleibt im Maschinenviertel kein Stein auf dem andern.“	* --	* --	*kurzer Trommelwirbel, Wiederaufnahme des Marschthemas vom Anfang der Sequenz: Streichmusik in Abwechslung mit der melodiösen Tonfolge der Blasmusik.
14.	1:31:15 – 1:31:16 (1“)	N	v r, AH	St	Im Schaltzentrum: Fredersen mit dem Rücken zur Kamera, in Richtung des Telefons gedreht, legt den Hörer auf, während Grot auf dem Bildschirm weiter wild gestikulierend in den Hörer schreit. Sobald Fredersens Hörer auf der Gabel liegt, erlischt auch die Übertragung auf dem Bildschirm.	--	--	Weiterführung des Marschthemas vom Anfang der Sequenz: Streichmusik in Abwechslung mit der melodiösen Tonfolge der Blasmusik.
*15.	1:31:16 – 1:31:23 (7“)	* --	* --	* --	*Zwischentitel nachmontiert: Schließlich gehorcht Grot Joh Fredersens Befehl und öffnet die Tore. Die Arbeiter dringen zur Herzmaschine vor.	* --	* --	* s.o. Am Ende der Einstellung: Beendigung des Themas durch Ausklang des Orchesters.
16.	1:31:23 – 1:31:26 (3“)	T	v r, AH	St	Im Maschinenraum: Grot schreit in das Telefon; er geht ganz nah an die Apparatur, fuchtelt mit den Armen. Schließlich bemerkt er, dass die Lämpchen ausgegangen sind, schreit noch einmal energisch in den Hörer, nimmt ihn vom Ohr und lässt ihn sinken. Dann wendet er sich ab.	--	--	Trommelwirbel und die ersten Takte einer melodiösen Abwandlung der *Marseillaise*.

Einstellungsprotokoll *Dial M for Murder*: Der Anruf zum Mord

E-Nr.	E-Länge/ Zählwerk (h:m:s)	Bild-Spur				Ton-Spur		
		E-Größe	K-Position	K-Bewegung	H-Ort/E-Inhalt	Sprache/Dialog	Geräusche	Musik
1.	0:40:31 – 0:40:51 (20“)	T -> HT	Leichte US	RÜ mit RS; LS, RS	Auf dem Herrenabend in der Lobby: Tony kommt den Flur entlang, steuer die Telefonkabine an. Er greift in seine Hosentasche und holt eine Münze hervor. An der Telefonkabine angekommen, findet er sie jedoch besetzt vor. Er wendet sich ab und steckt das Geld wieder ein. Unruhig geht er vor der Kabine auf und ab. Schließlich legt der Herr, der die Telefonkabine benutzt, den Hörer auf, und Tony greift erneut nach seinem Geld. Nachdem der Herr die Kabine verlassen hat, stellt sich Tony hinein und greift nach dem Hörer.	--	--	Non-diegetisch: Klassische Musik mit schnellem Rhythmus
2.	0:40:51 – 0:40:56 (5“)	N	US	St	In der Telefonzelle: Tony hebt den Hörer ab, wirft die Münzen in den Telefonschlitz, und führt den Zeigefinger zur Wählscheibe.	--	Münzen, die in den Telefonschlitz fallen.	Klassische Musik mit schnellem Rhythmus
3.	0:40:56 – 0:40:58 (2“)	D	OS	St	Die Wählscheibe stark vergrößert: Die schwarzen Buchstaben M und N, sowie die rote Zahl 6 sind durch die Öffnung unter der Wählscheibe sichtbar. Tonys Zeigefinger wird zur Öffnung geführt.	--	--	Trommelschlag, die Musik behält einen Ton bei.
4.	0:40:58 – 0:41:00 (2“)	N	US	St	In der Telefonkabine: Tony wählt die Nummer.	--	Wählgeräusch	Selber Ton wird gehalten
5.	0:41:00 – 0:41:04	D	US	St	Schalter: es werden sechs Rasterschritte geschaltet.	--	Abgehacktes Schaltergeräusch	s.o.

	(4“)							
6.	0:41:04 – 0:41:10 (6“)	N	US	St	In Tonys/Margots Wohnung: Swann will gerade aus der Tür gehen. Als es klingelt, dreht er sich um und blickt zum Telefon, dann zum Schlafzimmer.	–	Telefonklingeln	s.o.
7.	0:41:10 – 0:41:11 (1“)	D	OS	St	Der untere Teil von Margots Schlafzimmertür: Unter dem Türspalt scheint plötzlich das angeknipste Licht hervor.	–	Licht, das angeschaltet wird.	–
8.	0:41:11 – 0:41:19 (8“)	HT -> AM	leichte AS	RÜ und LS	Im Schlafzimmer: Margot richtet sich im Bett auf, schlägt die Decke zur Seite und steht auf. Sie läuft zur Tür, öffnet sie und tritt hinaus.	–	Telefonklingeln; Tür, die geöffnet wird.	–
9.	0:41:19 – 0:41:26 (7“)	T	AS	St	Im Wohnzimmer: Margot geht verschlafen zum Telefon; mit der linken Hand reibt sie sich die Stirn. Am Telefon angekommen, hebt sie mit der Rechten den Hörer ab.	–	Telefonklingeln	–
10.	0:41:26 – 0:41:45 (19“)	N	AH	UF	Am Telefon: Margot beantwortet das Klingeln. Am anderen Ende meldet sich niemand. Von hinten kommen Swanns Handschuhe und der Schal ins Bild.	**Margot:** Hello... Hello?... Hello?... Hello?	Drücken auf Telefongabel	Lauter werdende, klassische Musik
11.	0:41:45 – 0:41:49 (4“)	N	AH	St	Am Telefon: Hinter Margot erscheint Swann mit gespanntem Schal. Er hält ihn in Margots Kopfhöhe. Als Margot den Hörer sinken lässt, führt Swann den Schal näher an Margot heran. Dann hebt Margot den Hörer jedoch wieder ans Ohr und fragt erneut. Swann nimmt wieder etwas Abstand.	**M:** Hello?	Drücken auf Telefongabel	s.o.
12.	0:41:49 – 0:41:50 (1“)	N	AH	St	In der Telefonkabine: Tony hört dem Geschehen am anderen Ende der Leitung zu.	**M:** Hello?	–	s.o.

13.	0:41:50 – 0:41:56 (6“)	N	AH	St	Am Telefon: Margot blickt den Telefonhörer verwundert an. Swann kommt ihr wieder näher mit dem Schal, wartet auf den passenden Zeitpunkt. Margot führt den Hörer wieder zum Ohr. Als sie erneut keine Antwort bekommt, legt sie den Hörer auf. In diesem Moment legt ihr Swann von hinten den Schal um den Hals und zieht zu.	**M:** Hello?	Drücken auf Telefongabel	Trommelwirbel und schnelle, klassische Musik
14.	0:41:56 – 0:41:58 (2“)	N	Leichte US	St	Swann reißt den zugeschnürten Schal kräftig nach hinten. Margot versucht sich mit beiden Händen zu befreien.	–	–	schnelle, klassische Musik im Takt des Kampfes
15.	0:41:58 – 0:41:59 (1“)	N	AH	St	In der Telefonkabine: Tony hört mit, was am anderen Ende der Leitung geschieht.	–	–	schnelle, klassische Musik
16.	0:41:59 – 0:42:08 (9“)	AM	Leichte US	RS	Im Wohnzimmer: Swann stranguliert Margot, die sich verzweifelt zu wehren versucht. Beide kämpfen sich um den Schreibtisch herum. Schließlich wird Margot von Swann rücklings auf den Tisch gedrückt.	–	Margots Schreie	schnelle, klassische Musik im Takt des Kampfes
17.	0:42:08 – 0:42:09 (1“)	G	AS	St	Margot liegt auf dem Schreibtisch. Über ihr versucht Swann, sie zu erwürgen. Margot versucht sich aus der Schlinge zu befreien und presst mit der rechten Hand Swanns Kopf von sich weg.	–	s.o.	s.o.
18.	0:42:09 – 0:42:10 (1“)	D	OS	St	Margot zappelt mit ihrem Unterschenkel im Kampf mit Swann hin und her.	–	Margots Schreie; zerklirrendes Glas	s.o.
19.	0:42:10 – 0:42:13 (3“)	N	AH	St	In der Telefonkabine: Tony lauscht dem Kampf auf der anderen Seite der Leitung. Er lässt seinen Blick sinken.	–	Margots verzerrte Schreie	schnelle, klassische Musik

20.	0:42:13 – 0:42:14 (1“)	G	OS	St	Im Wohnzimmer: Margot versucht sich aus der Schlinge zu befreien und presst mit der rechten Hand Swanns Kopf von sich weg.	–	Margots Schreie	Schnelle, klassische Musik im Takt des Kampfes
21.	0:42:14 – 0:42:28 (14“)	D -> N	Leichte OS	Leichter S nach unten, S n o	Margot greift mit ihrem rechten Arm nach hinten auf den Schreibtisch. Swann stranguliert sie weiter. Schließlich ergreift Margot eine Schere und rammt sie Swann in den Rücken. Dieser lässt von ihr ab und fährt mit schmerzverzerrtem Gesicht hoch. Dann lässt er sich erschöpft fallen. In seinem Rücken steckt die Schere.	–	s.o.	Schnelle, klassische Musik im Takt des Kampfes. Beim Einstechen der Schere ein lauter Ton
22.	0:42:28 – 0:42:31 (3“)	HT	Leichte US	St	Swann fährt noch einmal auf, dann lässt er Margot los. Sie fällt erschöpft vom Schreibtisch auf den Boden.	–	–	schnelle, klassische Musik im Takt des Kampfes
23.	0:42:31 – 0:42:32 (1“)	AM	Starke US	St	Swann greift nach der Schere, die in seinem Rücken steckt, und versucht, sie herauszuziehen.	–	–	s.o.
24.	0:42:32 – 0:42:33 (1“)	AM	Leichte US	Leichter S n o	Margot stützt sich vom Boden ab, greift an ihren verletzten Hals. Sie dreht sich zu Swann.	–	Margot ringt nach Luft	s.o.
25.	0:42:33 – 0:42:35 (2“)	AM	Starke US	St	Swann windet sich vor Schmerzen, die Schere steckt noch immer in seinem Rücken.	–	–	s.o.
26.	0:42:35 – 0:42:37 (2“)	G	Leichte US	St	Margot blickt verängstigt zu Swann hoch, dann wendet sie ihren Blick ab.	–	–	s.o.
27.	0:42:37 – 0:42:40 (3“)	AM	US	Leichte RÜ, S n u	Swann dreht sich nach rechts und fällt im Drehen zu Boden. Er fällt direkt auf die Schere, die in seinem Rücken steckt.	–	–	s.o.
28.	0:42:40 – 0:42:43 (3“)	D	Leichte US	St	Die Schere rammt sich tief in Swanns Rücken.	–	–	schnelle, klassische Musik. Beim

								Einstechen der Schere ein lauter Ton
29.	0:42:43 – 0:42:44 (1“)	N	AH	St	In der Telefonzelle: Tony hört alles mit, was am anderen Ende der Leitung vor sich geht.	–	–	Schnelle, dramatische, klassische Musik,
30.	0:42:44 – 0:42:53 (9“)	HT	Leichte US	S n o	Margot liegt am Boden und stützt sich auf. Sie blickt auf den toten Swann. Neben ihr hängt der Telefonhörer an seinem Kabel vom Schreibtisch herab. Margot setzt sich hin und greift zum Hörer. Sie ruft über das Telefon nach Hilfe.	–	Margot, die nach Atem ringt	s.o.
31.	0:42:53 – 0:43:02 (9“)	N	AH	St	In der Telefonkabine: Tony hört, dass Margot lebt. Er denkt kurz nach und drückt ein paar Mal auf den Geldeinwurf.	**M:** Get the police. Quickly. Police. **T:** Margot? **M:** Who is there? **T:** Darling, it's me.	Klappernder Geldeinwurf	Leiser werdende, klassische Musik
32.	0:43:02 – 0:43:08 (6“)	AM	Leichte US	S n o	Im Wohnzimmer: Margot sitzt telefonierend am Boden, neben ihr liegt der tote Swann. Sie richtet sich auf.	**M:** Tony! Tony, thank God. Come back at once.	Margots Wimmern	s.o.
33.	0:42:08 – 0:43:29 (21“)	N	Leichte US	St	In der Telefonkabine: Tony spricht mit Margot, sein Gesichtsausdruck wird ernster und ernster.	**T:** What's the matter? **M:** I can't explain now. Come quickly, please. **T:** Now, darling, pull yourself together. What is it? **M:** A man attacked me. He tried to strangle me.	–	s.o.

						T: Did he get away? **Margot:** No. He's dead.		
34.	0:43:29 – 0:43:35 (6“)	AM	US	S n o	Im Wohnzimmer: Margot richtet sich auf, stützt sich mit ihrer rechten Hand auf dem Schreibtisch ab. Sie hält den Hörer in der Linken.	**T:** Tony, are you still there?	Geräusche durch Schreibtisch-material; Margots Wimmern	s.o.
35.	0:43:35 – 0:43:44 (9“)	N	Leichte US	St	In der Telefonkabine: Tony im Gespräch mit Margot.	**T:** Margot. **M:** Yes? **T:** Now, listen very carefully. **M:** Yes. I'm listening. **T:** Don't touch anything. I'll be with you right away.	Margots Wimmern	s.o.
36.	0:43:44 – 0:44:14 (30")	AM	US	Leichter S n o, S n u, S n o, RS, S n u	Im Wohnzimmer: Margot stützt sich mit ihrer rechten Hand auf dem Schreibtisch ab. Sie hält den Hörer in der linken. Später stützt sie sich erschöpft mit dem ganzen Oberkörper auf den Schreibtisch und legt dann den Hörer auf. Dann läuft sie zur Terrassentür und öffnet den Vorhang.	**M:** No, I won't. **T:** Don't touch anything and don't speak to anybody until I get there. **M:** No, I won't touch anything. **T:** You promise? **M:** Yes, I promise. Only, please, be quick.	s.o.	Leiser werdende, klassische Musik, gegen Ende lauter und dramatischer werdend

Einstellungsprotokoll *Pillow Talk*: Pas de Deux im Bad

E-Nr.	E-Länge/ Zählwerk (h:m:s)	Bild-Spur					Ton-Spur		
		E-Größe	K-Position	K-Bewegung	E-Verbindung/ Montage-Technik	H-Ort/E-Inhalt	Sprache/Dialog	Geräusche	Musik
1.	0:50:01 – 0:50:08 (7“)	HT	v r, AH	St, dann leichter LS		Jan Morrows Badezimmer: Jan liegt bei einem Schaumbad in der Badewanne. Neben ihrem Kopf, am linken Bildrand, steht ihr Telefon vor der Wanne auf einem kleinen, glänzenden Beistelltischchen. Dahinter hängt ein brauner Duschvorhang mit einem blauen Ornament bestickt, der den linken Bildrand einrahmt. Eine Wand in der Mitte des Badezimmers teilt das Bild optisch: Links im Bild befinden sich die Badewanne mit der badenden Jan, der Vorhang und das Telefon, während rechts im Bild der Waschtisch und ein glänzender Handtuchhalter zu sehen sind. An der Wand hängt ebenfalls ein Handtuch, welches wie die anderen in der Farbe des Duschvorhangs gehalten ist. Jan genießt ihr Schaumbad, streckt das linke Bein aus dem Wasser und streicht darüber. Dann senkt sie das Bein und stützt ihren Fuß an der Wand am hinteren Ende der Badewanne ab. Als das Telefon klingelt, schüttelt sie sich den Schaum von den Händen, greift über den Wannenrand zum Hörer	--	Badewasser, Telefon-klingeln	--

						und nimmt ab.			
2.	0:50:08 – 0:50:50 (42“)	Jan: HT ---------- Brad: HT	Jan: AH ----------- Brad: AH	Jan: St ---------------- Brad: St	Split-Screen: links: Jan, rechts: Brad	Vom rechten Bildrahmen her öffnet sich in einem Split-Screen-Verfahren die Einstellung von Brads Badezimmer. In der Mitte treffen die beiden Einstellungen aufeinander. Dort, wo vorher die Wand in Jans Badezimmer als Bild-/Raumtrenner fungierte, ist nun die Split-Screen-Mitte bzw. Symmetrieachse der beiden Einstellungspaare. Der rechte Bildraum nimmt nun Brads Badezimmer ein. Beide Einstellungspaare sind fast deckungsgleich. Brad badet ebenfalls, in spiegelverkehrter Richtung zu Jan. Seine Badewanne grenzt an Jans und ist in Höhe und Form geradezu identisch mit ihrer. Auch er hat ein Telefon auf einem kleinen Tischchen neben der Badewanne platziert, dahinter hängt ein ähnlich farbiger Duschvorhang wie der von Jan. Brad begrüßt Jan am Telefon und gibt sich als Rex aus. Mit einem Südstaatenakzent fängt er an, mit Jan zu flirten, während sie mit dem Schaum in ihrer Wanne spielt, sich im Badewasser wiegt und über Brads alias Rex' Komplimente kichert. Als Brad alias Rex von seiner Ankunft in New York erzählt, streckt er sein Bein aus dem Wasser und lässt seinen Fuß, wie es Jan zuvor auch tat, an der Wand am	**J:** Hello? **B:** Morning, Miss Morrow. This is Rex. **J:** Oh, good morning, Rex. **B:** Ma'm, you done did a terrible thing to me. **J:** Oh? **B:** You made me glad I ain't in Texas. **J** (lacht)**:** Have I? **B:** Mmmh. Every time I look at you, I say to myself: we got all kinds of natural resources back home, but we ain't got nothing like that. **J** (lacht)**:** Oh Rex. **B:** Tell you something else, too. I kind of hated New York when I first came here. All those people seemed so distant and all. Don't feel that way now. **J:** Ah, that's good.	Wasser-Geplätscher, Jans Lachen	--

						Ende seiner Badewanne ruhen. Als er darüber spricht, dass er die New Yorker damals unpersönlich („distant“) empfand, streckt auch Jan ihren Fuß an ihre Badezimmerwand. Nun scheinen sich beide Füße in der Mitte zu treffen. Beim letzten Satz über die Liebenswürdigkeit der Stadt streicht Brad mit seinem Fuß an der Wand herunter. Es scheint, als wolle er Jans Fuß streicheln.	**B:** It sure turned out to be a…		
3.	0:50:50 – 0:50:53 (3“)	Jan: D ---------- Brad: D	Jan: AH ----------- Brad: AH	Jan: St --------------- Brad: St	Split-Screen	Jans und Brads Füße: Brad streicht seinen Fuß in einer Wiederholung an der Wand herunter, kurz darauf zieht Jan ihren Fuß zurück.	…friendly town.	s.o.	--
4.	0:50:53 – 0:51:01 (8“)	Jan: HT ---------- Brad: HT	Jan: AH ----------- Brad: AH	Jan: St --------------- Brad: St	Split-Screen	Jan setzt ihren Fuß zurück an die Wand, an die gleiche Stelle, an der Brads Fuß in der rechten Einstellung ruht. Als Brad sie nach einem Date fragt, nimmt er seinen Fuß zurück und richtet sich in der Badewanne auf.	**J:** You'll find that most people are willing to meet you halfway. If you let them. **B:** Am I gonna see you tonight?	s.o.	--
5.	0:51:01 – 0:51:25 (24“)	Jan: G ---------- Brad: G	Jan: von r, AH ----------- Brad: v l, leichte US	Jan: St --------------- Brad: St	Split-Screen	Brad und Jan in einer Großaufnahme mit dem Telefonhörer am Ohr. Beide sind einander zugewandt.	**J:** Oh I'd love to, Rex, but I already have a date tonight. **B:** Who with? **J:** A client. You don't know him. Jonathan Forbes. **B:** Of course. You ain't the kind of gal who'd brake a date.		--

							J: No, I’m not. **B:** And I ain’t the kind of guy that’d ask you to. **J:** I know you’re not. **B:** I’ll pick you up at eight. **J:** I’ll be ready.		

Einstellungsprotokoll *Paris, Texas*: Telefonische Seelsorge

E-Nr.	E-Länge/ Zählwerk (h:m:s)	Bild-Spur				Ton-Spur		
		E-Größe	K-Position	K-Bewegung	H-Ort/E-Inhalt	Sprache/Dialog	Geräusche	Musik
1.	1:53:55 – 1:55:18 (1'23")	AM -> N	Leichte US	RS und RA	In der Peepshow: Travis sitzt auf der Zuschauerseite am Telefon. Auf seinem Tisch brennt eine kleine Lampe. Der Coffeeshop-Showroom ist dunkel. Dadurch spiegelt die Trennscheibe Travis' Spiegelbild wider. Dann geht das Licht an, Travis' Spiegelbild erlischt und Jane betritt den Showroom. Sie setzt sich auf einen Barhocker an den Küchentisch. Als Travis anfängt zu erzählen, legt er den Telefonhörer neben das Telefon, nimmt den Stuhl und dreht ihn gegen die Trennscheibe. Dann lehnt er sich mit dem Rücken zu Jane in den Stuhl und nimmt den Hörer wieder zu sich ans Ohr.	**Jane:** Ah, wie geht's? **Travis:** Hallo. Kann ich Ihnen was erzählen? **Jane:** Klar, was immer Sie wollen. **Travis:** Eine lange Geschichte? **Jane:** Ich hab jede Menge Zeit. **Travis:** Sie handelt von zwei Leuten. **Jane:** Was für Leute? **Travis:** Zwei Leute eben. Die beiden liebten einander. Das Mädchen war sehr jung, so um die siebzehn oder achtzehn ungefähr. Und der Mann war ein ganzes Stück älter. Er war ein ziemlicher Herumtreiber. Sie war wirklich sehr schön, verstehen Sie?	Sich öffnende Tür; abgelegter Telefonhörer auf dem Tisch; umgerückter Stuhl;	--
2.	1:55:18 – 1:55:36 (18")	N	Leichte US	St	Jane hört Travis' Geschichte aufmerksam zu. Sie sitzt auf dem Barhocker am Küchentisch.	**J:** Ja. **T:** Ich will sagen, sie hat ihn geliebt, weil er so verrückt war. Da hat sein Alter keine Rolle gespielt. Alles, was sie taten,	--	--

						machten sie zu einer Art Abenteuer, und das gefiel ihr. Sogar die Fahrt zum Supermarkt wurde zum Abenteuer…		
3.	1:55:36 – 1:55:45 (9“)	N	Leichte US	St	Travis sitzt auf dem Stuhl mit dem Rücken zur Trennscheibe gelehnt und erzählt.	…Über das blödeste Zeug konnten sie sich amüsieren. Er brachte sie gern zum Lachen. Alles…	--	--
4.	1:55:45 – 1:56:00 (15“)	N	Leichte US	St	Im Showroom: Jane hört Travis zu und lächelt.	…andere war ihnen ziemlich egal. Sie wollten einfach zusammen sein. Sie waren immer zusammen. **J:** Klingt, als wären sie sehr glücklich gewesen.	--	--
5.	1:56:00 – 1:56:21 (21“)	N	Leichte US	St	In Travis' Kabine: Er erzählt, lächelt und nickt.	**T:** Ja, das waren sie auch. Sie waren wirklich glücklich. Und er, er liebte sie mehr, als er es je für möglich gehalten hatte. Er litt darunter, wenn er weg musste von ihr, und wenn's nur die Stunden waren, die er arbeiten musste…	--	--
6.	1:56:21 – 1:57:26 (1‘5“)	N	Leichte US	St	Im Showroom: Jane hört mit gesenktem Blick zu. Zwischendurch lächelt sie. Dann blickt sie auf, streicht sich durch die Haare.	..Also gab er seinen Job auf, nur um bei ihr zu Hause sein zu können. Und wenn das Geld ausging, nahm er wieder einen Job an. Den gab er dann auch wieder auf. Ziemlich bald fing sie an, sich Sorgen zu machen. **J:** Worüber? **T:** Geldsorgen, glaube ich, dass es nicht reichen würde. Weil sie nie wusste, wann der nächste Scheck reinkam.	Jane lacht kurz auf.	--

						J: Ja, dieses Gefühl kenne ich gut. **T:** Und da geriet er irgendwie in einen Zwiespalt. **J:** Wie meinen Sie das? **T:** Nun, er wusste, dass er arbeiten musste, um für ihren Unterhalt zu sorgen. Gleichzeitig hielt er es auch nicht aus, dass er nicht bei ihr sein konnte. **J:** Ja, ich verstehe. **T:** Je öfter er von ihr getrennt war, desto verrückter wurde er. Nur, dass er diesmal anfing, wirklich zu spinnen…		
7.	1:57:26 – 1:57:30 (4“)	N	Leichte US	St	In der Kabine: Travis spricht weiter ins Telefon.	…Er fing an, sich alles Mögliche einzubilden.	--	--
8.	1:57:30 – 1:57:33 (3“)	N	Leichte US	St	Im Showroom: Jane streicht sich durch die Haare.	**J:** Zum Beispiel?	--	--
9.	1:57:33 – 1:57:48 (15“)	N	Leichte US	St	In der Kabine: Travis spricht am Telefon.	**T:** Er stellte sich vor, dass sie hinter seinem Rücken andere Männer trifft. Er kam von der Arbeit nach Hause und verdächtigte sie, den ganzen Tag mit einem anderen zugebracht zu haben. Er schrie sie an und zerschlug den ganzen Wohnwagen.	--	--

10.	1:57:48 – 1:57:52 (4“)	N	Leichte US	St	Im Showroom: Jane blickt traurig zur Trennscheibe.	**J:** Den Wohnwagen?	--	--
11.	1:57:52 – 1:58:08 (16“)	AM	Leichte OS	St	Jane sieht sich im Spiegelbild des Einwegspiegels.	**T:** Ja, sie lebten in einem großen Wohnwagen.	--	--
12.	1:58:08 – 1:59:24 (1‘16“)	Travis: G, Jane: N	Leichte US	St	In der Kabine: Travis sitzt noch immer mit dem Rücken zur Trennscheibe und hält den Telefonhörer ans Ohr. Im Hintergrund ist Jane durch die Scheibe sichtbar. Sie scheint ihn durch die Scheibe anzublicken. Sie verschränkt die Arme. Auf Janes Frage hin lächelt Travis und schüttelt den Kopf. Jane zupft ihren Pullover zurecht.	**J:** Entschuldigen Sie, aber haben Sie nicht gestern schon mit mir geredet? Ich will sie nicht drängen. **T:** Nein. **J:** Oh. Mmh. Im Augenblick dachte ich, dass ich Ihre Stimme irgendwie kenne. **T:** Nein, das war nicht ich. **J:** Mmh. Erzählen Sie weiter. **T:** Jedenfalls, er fing schwer zu trinken an und blieb nachts lange aus, um sie zu testen. **J:** Was meinen Sie damit, sie zu testen? **T:** Sehen, ob sie eifersüchtig wird. **J:** Ahh, mmh. **T:** Er wünschte, dass sie eifersüchtig war, aber sie war es nicht. Sie machte sich nur Sorgen um ihn, und das hat ihn	--	--

						noch böser gemacht. **J:** Warum? **T:** Weil er, weil er dachte, wenn sie nicht eifersüchtig wird, dass sie ihn auch nicht richtig liebte…		
13.	1:59:24 – 2:02:32 (3'8")	G	AH	St	Im Showroom: Jane hört Travis zu. Ihr Blick ist zum Einwegspiegel hin gerichtet. Je mehr sie hört, desto trauriger wird sie. Sie senkt ihren Blick und fängt an zu weinen. Sie schluchzt.	…Eifersucht wäre ein Zeichen dafür gewesen, dass sie ihn liebte. Und dann sagte sie eines Nachts, dann sagte sie ihm eines Nachts, dass sie ein Kind erwarte. Sie war so ungefähr im vierten oder fünften Monat und er hatte nichts davon gewusst. Und auf einmal wurde alles anders. Er hörte auf zu trinken und nahm sich einen festen Job. Jetzt war er überzeugt, dass sie ihn liebte, weil sie ja doch sein Kind trug. Und er tat alles, um ein Heim für sie zu schaffen. Dann passierte etwas Merkwürdiges. **J:** Was? **T:** Anfangs fiel es ihm gar nicht richtig auf. Sie fing an, sich zu verändern. Vom Tag der Geburt ihres Kindes an wurde sie immer reizbarer. Alles um sie herum ging ihr auf die Nerven. Sie war auf alles nur noch wütend. Selbst das Kind empfand sie als eine Ungerechtigkeit. Er tat	s.o.	Non-diegetisch: Ry Cooders Slide-Gitarrenmusik setzt leise ein.

						alles, um ihr das Leben angenehm zu machen. Er machte ihr Geschenke, führte sie einmal in der Woche zum Essen aus. Aber das alles schien sie nicht zufriedener zu machen. Zwei Jahre lang mühte er sich darum, es wieder so werden zu lassen, wie es damals war, als sie sich kennengelernt hatten. Aber dann musste er einsehen, dass es niemals wieder so sein würde. Also griff er wieder zur Flasche. Diesmal wurde es schlimmer. Wenn er jetzt nach Hause kam, wenn er jetzt betrunken schon nach Hause kam, war sie nicht besorgt oder eifersüchtig, sondern nur noch wütend. Sie sagte, er habe ihr das Kind nur gemacht, um sie besser einsperren zu können. Sie sagte ihm, sie träume davon, abzuhauen. Sie träumte von nichts anderem mehr, als von der Flucht. Sie sah sich nachts, wie sie nackt eine Straße entlang rannte, wie sie über Felder rannte, wie sie durch ein Flussbett rannte, immerzu rannte sie. Und jedes Mal, wenn sie ihm beinahe entkommen war, stand er plötzlich da und hielt sie fest. Er tauchte auf und hielt sie fest. Als sie ihm diese Träume erzählte, glaubte er sie. Er wusste, dass sie ihn für		

						immer verließ, wenn er nichts unternahm. Also band er ihr eine Glocke ans Fußgelenk, damit er hörte, wenn sie nachts das Bett verlassen wollte. Sie hatte die Idee, einen Strumpf in die Glocke zu stopfen, sich zentimeterweise aus dem Bett zu schleichen und in die Nacht zu verschwinden. Eines Nachts erwischte er sie, als sie bereits draußen war, weil der Strumpf aus der Glocke fiel. Er fing sie ein, schleppte sie zurück in den Wohnwagen und fesselte sie mit seinem Gürtel an den Ofen. Da ließ er sie und ging einfach wieder ins Bett. Er lag da und hörte zu, wie sie schrie. Und er hörte wie sein Sohn schrie und er wunderte sich über sich selbst, dass er nichts mehr empfand. Er wollte nur noch schlafen…		
14.	2:02:32 – 2:03:12 (40“)	G	Leichte US	St	In der Kabine: Travis spricht ins Telefon.	…Und zum ersten Mal wünschte er sich, er wäre weit weg. Allein in einem weiten, wüsten Land, wo niemand wusste, wer er war. Irgendwo, wo es keine Sprache gab, keine Straßen. Er träumte von diesem Land, ohne zu wissen, wie es hieß. Und als er aufwachte, da sah er Feuer. Große blaue Flammen schlugen aus seinem Bett. Er rannte durch die Flammen zu den einzigen	--	Langsame Slide-Gitarrenmusik (Ry Cooder)

						beiden Menschen, die er liebte. Sie waren nicht mehr da…		
15.	2:03:12 – 2:03:23 (11“)	G	AH	St	Im Showroom: Jane hält sich die Hand vor den Mund und weint. Ihr Blick richtet sich nach unten ins Leere.	…Seine Arme brannten. Er stürzte hinaus und wälzte sich auf der nassen Erde…	--	s.o.
16.	2:03:23 – 2:03:34 (11“)	G	Leichte US	St	In der Kabine: Travis spricht in Telefon.	…Dann rannte er. Er sah sich nicht mehr um nach dem Feuer…	--	s.o.
17.	2:03:34 – 2:04:02 (28“)	G	AH	St	Im Showroom: Jane weint und streicht sich durch die Haare. Dann blickt sie auf in Richtung des Einwegspiegels.	…Er rannte, bis die Sonne aufging, und er nicht mehr weiter konnte. Und als die Sonne wieder unterging, rannte er weiter. So rannte er fünf Tage lang,…	Schluchzen	s.o.
18.	2:04:02 – 2:04:23 (21“)	N	AH	St	Jane blickt in den Einwegspiegel. Sie streicht sich durch die Haare und kommt auf den Spiegel zu, als wolle sie durch ihn hindurchsehen. Sie berührt den Spiegel und kniet sich vor ihn hin. Dann geht sie mit dem Kopf ganz nah an den Spiegel heran und versucht, hindurch zu schauen.	…bis jeder Rest von Leben aus ihm gewichen war. **J:** Travis.	Haarstreichen; Stuhl beim Aufstehen; Niederknien	s.o.
19.	2:04:23 – 2:04:34 (11“)	G	Leichte US	LS	In der Kabine: Travis dreht seinen Kopf zur Trennscheibe.	--	Drehen im Stuhl	Musik wird leiser und setzt aus.
20.	2:04:34 – 2:04:40 (6“)	G	OS	S n o	In Travis’ Kabine: Jane berührt von außen die Scheibe und versucht, hindurch zu blicken.	--	Berühren der Scheibe	--

21.	2:04:40 – 2:05:28 (48“)	N	Leichte OS	St	In Travis' Kabine: Travis legt den Hörer neben das Telefon. Er steht auf und dreht den Stuhl wieder zurück in Richtung der Scheibe. Er setzt sich und nimmt den Hörer wieder in die Hand. Nun sieht er sein Bild in der Scheibe reflektiert, wo Janes Gesicht durch die Scheibe scheint. Eine visuelle Vereinigung entsteht. Jane reibt sich die Stirn, dann steht sie auf und löscht das Licht in ihrem Showroom.	**T:** Ob Du mich sehen könntest, wenn Du, wenn Du da drin das Licht ausmachst? **J:** Ich weiß nicht. Ich hab's noch nie versucht.	Klopfendes Geräusch beim Ablegen des Telefonhörers auf den Tisch; umgerückter Stuhl; quietschende Lehne; ausgeknipstes Licht	--
22.	2:05:28 – 2:13:50 (8'22“)	N	Leichte OS	S n u; S n o; LS und leichter S n u; LF; Leichter S n u; S n o	Im Showroom: Travis wird durch den Einwegspiegel sichtbar. Er dreht die Tischlampe so, dass sein Gesicht beleuchtet wird. Jane nähert sich dem Einwegspiegel, kniet vor ihn hin und streicht sich durch das Haar. Sie lässt sich auf den Boden sinken. Später will Travis auflegen, doch Jane springt auf und klopft an die Scheibe, um ihn daran zu hindern. Travis nimmt den Hörer wieder ans Ohr. Jane holt die Sprechanlage. Sie setzt sich mit ihr unter die	**T:** Kannst Du mich jetzt sehen? **J:** Ja. **T:** Erkennst Du mich wieder? **J:** Oh, Travis. **T:** Ich hab Hunter mitgebracht. Willst Du ihn nicht wiedersehen? **J:** Ja. Er hat mir so sehr gefehlt, dass ich nicht einmal mehr wagte, ihn mir vorzustellen. Anne hat mir immer Fotos von ihm geschickt, bis ich sie gebeten hab, damit aufzuhören. Es tat mir zu weh, zuzusehen, wie er wuchs, ohne bei mir zu	Gedrehte Lampe; Klopfen an die Scheibe; Naseschniefen; Auflegen des Hörers; Seufzen	

					Trennscheibe, hinter der Travis den Hörer ans Ohr hält. Nach ihrem Gespräch legt Travis den Hörer auf, steht auf und geht. Jane bleibt zurück und hält die Sprechanlage in der Hand. Dann lässt sie den Kopf auf sie sinken. Später legt sie die Sprechanlage zurück, geht zur Tür und stellt das Licht an. Mit dem einfallenden Licht wird die Trennscheibe wieder verspiegelt.	sein. **T:** Warum, warum hast Du ihn nicht bei Dir behalten, Jane? **J:** Ich konnte nicht, Travis. Ich hab gewusst, ich hab nicht das, was er brauchte. Ich wollte ihn nicht dazu benutzen, die Leere in meinem Leben auszufüllen. **T:** Ja, aber jetzt braucht er Dich, Jane. Und er möchte Dich sehen. **J:** Wirklich? **T:** Ja. Er, er wartet auf Dich. **J:** Wo? **T:** In der Stadt. In einem Hotel. Im Meridian. Zimmer 1520. 1520. **J:** Du willst doch nicht gehen? **T:** Ich kann Dich nicht sehen, Jane. **J:** Geh noch nicht. Geh noch nicht. Ich… Als Du weg warst, hab ich mir viel überlegt, was ich Dir sagen wollte. Die ganze Zeit habe ich mit Dir gesprochen. Monatelang bin ich herumgelaufen und hab mit Dir geredet. Und jetzt weiß ich		

						nicht, was ich sagen soll. Es war leichter, als ich nur an Dich dachte. Ich hab mir so oft vorgestellt, was Du mir antworten würdest. Wir hatten lange Gespräche zusammen, Du und ich. Es war fast so, als wärst Du da. Ich hab Dich gehört, ich konnte Dich sehen, spüren. Ich hab gehört, wie Du sprichst. Manchmal bin ich von Deiner Stimme aufgewacht. Deine Stimme weckte mich oft mitten in der Nacht, als ob Du im gleichen Zimmer mit mir wärst. Dann hörte es nach und nach auf. Ich konnte Dein Bild nicht mehr sehen. Es ging nicht. Ich hab alles versucht, so mit Dir zu reden wie vorher, aber da war nichts mehr. Ich konnte Dich nicht hören. Dann hab ich's aufgegeben. Es war alles vorbei. Du bist…Du bist einfach verschwunden. Jetzt arbeite ich hier. Und die ganze Zeit höre ich Deine Stimme. Jeder Mann hat Deine Stimme. **T:** Ich sag Hunter, dass Du kommst. **J:** Travis? **T**: Ja? **J:** Ich werde da sein.		

						T: Gut. **J:** Meridian Hotel? **T:** Ja. Zimmer 1520.		

Einstellungsprotokoll *Wall Street*: Der Wake-Up-Call

E-Nr.	E-Länge/ Zählwerk (h:m:s)	Bild-Spur				Ton-Spur		
		E-Größe	K-Position	K-Bewegung	H-Ort/E-Inhalt	Sprache/Dialog	Geräusche	Musik
1.	0:50:32 – 0:50:35 (3“)	W	--	St	Hausfassade von Buds Apartment. Es ist mitten in der Nacht. Sein Fenster steht offen.	--	Telefonklingeln	Non-diegetisch: Ein tiefer Ton wird leise im Hintergrund gehalten.
2.	0:50:35 – 0:50:49 (14“)	N	OS, AH	RA, RÜ, S n l o	Buds Schreibtisch. Sein Telefon klingelt. Bud nimmt verschlafen ab, reibt sich die Augen. Am anderen Ende spricht Gordon Gekko.	**Bud:** Yeah. **Gordon:** Money never sleeps, pal. Just made 800 000 in Hong Kong gold. It's been wired to you…	Telefonklingeln; Abheben des Hörers	In den Ton fallen schnelle Bässe zum Aufbau von Spannung ein. Als Bud abhebt, verstummen sie.
3.	0:50:49 – 0:50:58 (9“)	N	Leichte US	RÜ n l	Gordon Gekko am Strand. Es dämmert. Gekko spricht in sein Mobiltelefon und geht am Strand entlang.	…Play with it. You done good, but you gotta keep doing good. I showed you how the game works. Now school's out.	Meeresrauschen	--
4.	0:50:58 – 0:51:06 (8“)	N	AH	St	Bud sitzt am Schreibtisch und spricht verschlafen in sein Telefon.	**B:** Mr. Gekko, I'm there for you 110%. **G:** No, no, no, no. You don't understand. I wanna be surprised…	--	--
5.	0:51:06 – 0:51:54 (48")	N	Leichte US	LS; PF n l; DS n l um 180°; PF; DS n r	Gordon Gekko geht am Strand auf und ab. Während er telefoniert, geht am Horizont langsam die Sonne auf. Er bleibt stehen und bewundert das Naturspektakel.	…Astonish me, pal. New info: I don't care where or how you get it. Just get it. My wife tells me you made a move on Darien. Here's some inside info for you. That GQ type she's going out with got big bucks, but he's putting her feet to sleep. Exit visas are imminent. I don't want	Meeresrauschen; Möwen	--

						you losing your place in line…Ah, Jesus! I wish you could see this. The light's coming up. I've never seen a painting that captures the beauty of the ocean at a moment like this…		
6.	0:51:54 – 0:52:03 (9")	N	AH	St	Bud sitzt verschlafen am Telefon und hört Gordon Gekko zu.	…I'm gonna make you rich, Bud Fox. Yeah. Rich enough that you can afford a girl like Darien…	--	Ein schneller Takt wird durch ein Ride-Becken vorgegeben. Dazu setzt eine instrumentale Melodie mit bedrohlichem Unterton ein.
7.	0:52:03 – 0:52:10 (7")	G	Leichte US	St	Gordon Gekko beendet sein Telefonat mit Bud und legt auf.	…This is your wake up call, pal. Go to work.	Meeresrauschen	Zum Becken kommen laute Bässe im selben schnellen Takt
8.	0:52:10 – 0:52:18 (8")	P	OS	St	Gordon Gekko steht allein am Strand in der Dämmerung. Vor ihm bricht eine Welle an das Ufer.	--	s.o.	Die Musik aus übertönenden Bässen und Becken wirkt bedrohlich.

Einstellungsprotokoll *Denise Calls Up*: Telefonsex-Vorspiel

E-Nr.	E-Länge/ Zählwerk (h:m:s)	Bild-Spur				Ton-Spur		
		E-Größe	K-Position	K-Bewegung	H-Ort/E-Inhalt	Sprache/Dialog	Geräusche	Musik
1.	0:45:23 – 0:45:27 (4“)	HT	AS	Leichter S n o	In Barbaras Hotelzimmer: Barbara liegt auf dem Bett und weint. Neben ihr liegt ihre Reisetasche. Dann klingelt das Telefon. Barbara richtet sich auf, wischt sich eine Träne weg und nimmt ab.	**Barbara:** Hallo?	Telefonklingeln; Abheben des Hörers; Quietschen des Betts	--
2.	0:45:27 – 0:45:30 (3“)	HT	AH	St	In Jerrys Wohnung: Jerry sitzt telefonierend im Pyjama auf einem Stuhl neben seinem Bücherregal. Das Telefon steht am Boden zwischen seinen Beinen.	**Jerry:** Wie schlägst Du Dich so durch?	Straßengeräusche im Hintergrund	--
3.	0:45:30 – 0:45:38 (8“)	HT	OS	St	In Barbaras Hotelzimmer: Barbara sitzt telefonierend auf dem Bett. Sie putzt sich die Nase mit einem Taschentuch.	**B:** Ganz gut, glaube ich. Eigentlich so gut wie gar nicht.	Naseputzen	--
4.	0:45:38 – 0:45:44 (6“)	HT	AH	St	In Jerrys Wohnung: Jerry sitzt telefonierend auf dem Stuhl.	**J:** Barbara? Soll ich…äh…soll ich wieder auflegen?	Straßengeräusche im Hintergrund	--
5.	0:45:44 – 0:45:58 (14“)	HT	OS	St	In Barbaras Hotelzimmer: Sie schüttelt den Kopf.	**B:** Nein, ich will nicht allein sein. Ich mag den Klang Deiner Stimme am Telefon….Jerry?	--	--
6.	0:45:58 – 0:45:59 (1“)	HT	AH	St	In Jerrys Wohnung: Jerry sitzt telefonierend auf dem Stuhl.	**J:** Ja?	Straßengeräusche im Hintergrund	--
7.	0:45:59 – 0:46:02 (3“)	HT	OS	St	In Barbaras Hotelzimmer: Barbara sitzt telefonierend auf dem Bett.	**B:** Bleibst Du am Apparat bis ich im Bett bin?	--	--
8.	0:46:02 – 0:46:04	HT	AH	St	In Jerrys Wohnung: Jerry sitzt telefonierend auf dem Stuhl.	**J:** Klar.	Straßengeräusche im Hintergrund	--

	(2“)							
9.	0:46:04 – 0:46:11 (7“)	HT	OS	St	In Barbaras Hotelzimmer: Barbara öffnet ihre Reistasche und kramt darin herum.	**B:** Jerry?	Reißverschluss der Reisetasche	--
10.	0:46:11 – 0:46:11	HT	AH	St	In Jerrys Wohnung: Jerry sitzt telefonierend auf dem Stuhl.	**J:** Ja?	Straßengeräusche im Hintergrund	--
11.	0:46:11 - 0:46:16 (5“)	HT	OS	St	In Barbaras Hotelzimmer: Barbara kramt weiter in ihrer Reisetasche.	**B:** Alles klar, Du bist noch dran.	Durchwühlte Kleidung	--
12.	0:46:16 – 0:46:20 (4“)	HT	AH	St	In Jerrys Wohnung: Jerry sitzt telefonierend auf dem Stuhl.	**J:** Erzähl mal, was Du gerade machst, Barbara.	Straßengeräusche im Hintergrund	--
13.	0:46:20 – 0:46:28 (8“)	HT, AM	OS	RA	In Barbaras Hotelzimmer: Barbara sucht weiter in ihrer Reisetasche herum.	**B:** Ich wühle in meiner Tasche herum. Ich suche etwas Bequemes, das ich im Bett anziehen kann. Ich muss mal wieder richtig schlafen.	Kleidung, die durchwühlt wird	--
14.	0:46:28 – 0:46:31 (3“)	HT	AH	RA	In Jerrys Wohnung: Jerry lehnt sich nach vorne.	**J:** Im Bett?	Straßengeräusche im Hintergrund; Quietschender Stuhl	--
15.	0:46:31 – 0:46:35 (4“)	AM	OS	RA	In Barbaras Hotelzimmer: Sie hört auf zu kramen und hält kurz inne.	**B:** Ja natürlich, im Bett.	--	--
16.	0:46:35 – 0:46:42 (7“)	HT	Leichte US	RA	In Jerrys Wohnung: Jerry ist nach vorn gebeugt und stützt sich auf die Knie.	**B:** Hoffentlich hab ich was eingepackt. Ich bin so überstürzt losgefahren. Mal sehen…	Straßengeräusche im Hintergrund	--
17.	0:46:42 – 0:46:48 (6“)	N	OS	RA mit RS	In Barbaras Hotelzimmer: Barbara packt einen weiß-rot gemusterten Baumwollpyjama aus.	…ich hätte hier einen warmen Pyjama.	Pyjama, der aus der Reistasche gezogen wird.	--
18.	0:46:48 – 0:46:50 (2“)	HT	Leichte US	RA	In Jerrys Wohnung: Jerry ist nach vorn gebeugt und stützt sich auf die Knie.	**J:** Barbara?	Straßengeräusche im Hintergrund	--
19.	0:46:50 – 0:46:52	G	OS	RA	In Barbaras Hotelzimmer: Barbaras Profil und ihr Ohr sind	**B:** Was meinst Du dazu?	--	--

	(2“)				im Bild. Ein Stück des Telefonhörers, in den sie spricht, ist sichtbar.			
20.	0:46:52 – 0:46:55 (3“)	HT	Leichte US	RA	In Jerrys Wohnung: Jerry ist nach vorn gebeugt und stützt sich auf die Knie.	**J:** Mh?	Straßengeräusche im Hintergrund	--
21.	0:46:55 – 0:46:58 (3“)	G	AH	Leichte RÜ und RS	In Barbaras Hotelzimmer: Barbara am Telefon.	**B:** Ich meine, was meinst Du zu dem Pyjama?	--	--
22.	0:46:58 – 0:47:00 (2“)	AM	Leichte US	RA	In Jerrys Wohnung: Jerry ist nach vorn gebeugt und stützt sich auf die Knie.	**J:** Pyjama?	Straßengeräusche im Hintergrund	--
23.	0:47:00 – 0:47:05 (5”)	G	AH	Leichte RÜ und RS	In Barbaras Hotelzimmer: Barbara spricht verführerisch ins Telefon.	**B:** Soll ich ausziehen, was ich jetzt anhabe und ihn anziehen?	--	--
24.	0:47:05 – 0:47:12 (7“)	AM	Leichte US	RA	In Jerrys Wohnung: Jerry lehnt sich in seinem Stuhl zurück und schlägt ein Bein über das andere.	**J:** Ich…äh…ich weiß nicht, ist es kalt im Zimmer?	Straßengeräusche im Hintergrund	--
25.	0:47:12 – 0:47:22 (10“)	G -> D	AH	RA, UF I	In Barbaras Hotelzimmer: Barbara zieht ihre Anzugjacke aus. Die Kamera fährt nah an ihr Ohr.	**B:** Nein, es ist…eigentlich ist es sogar ziemlich warm hier drin…und…eher etwas schwül.	Abgestreifte Jacke	--
26.	0:47:22 – 0:47:27 (5“)	N	Leichte US	RA	In Jerrys Wohnung: Jerry sitzt mit überkreuzten Beinen zurückgelehnt im Stuhl.	**J:** Naja, dann wäre der…ähm…Pyjama wohl nicht das Richtige, was?	Straßengeräusche im Hintergrund	--
27.	0:47:27 – 0:47:38 (11“)	G -> D	AH	RA, UF I	In Barbaras Hotelzimmer: Die Kamera fährt nah an ihr Ohr.	**B:** Genau. Da hast Du vollkommen Recht. So…und wie geht's jetzt weiter?	--	--
28.	0:47:38 – 0:47:42 (4“)	N	Leichte OS	St	In Jerrys Wohnung: Jerry sitzt zurückgelehnt im Stuhl.	**J:** Also was…was…was für Unterwäsche hast Du denn dabei?	Straßengeräusche im Hintergrund	--
29.	0:47:42 – 0:47:44 (2“)	G	AH	Leichter RS n u	In Barbaras Hotelzimmer: Sie sieht erstaunt und beschämt an sich herunter.	--	--	--

30.	0:47:44 – 0:47:47 (3“)	N	Leichte OS	St	In Jerrys Wohnung: Er fasst sich an den Kopf.	**J:** Oh Gott, entschuldige, ich…ich wollte nicht…	Straßengeräusche im Hintergrund	--
31.	0:47:47 – 0:47:59 (12“)	G	Leichte OS	Leichte RÜ und RS	In Barbaras Hotelzimmer: Barbara holt einen weißen Baumwollslip aus der Tasche hervor.	**B:** Aber warum denn nicht, wieso, wofür willst Du Dich denn entschuldigen? Ich hab…lass mich mal sehen…was sagst Du zu einem frischen, weißen Baumwollslip?	Kleidung in der Tasche	--
32.	0:47:59 – 0:48:04 (5“)	N	Leichte US	St	In Jerrys Wohnung: Jerry lächelt.	**J:** Also, das hört sich doch ganz bequem an.	Straßengeräusche im Hintergrund	--
33.	0:48:04 – 0:48:07 (3“)	G	Leichte OS	Leichte RÜ und RS	In Barbaras Hotelzimmer: Sie hält den Baumwollslip in der Hand.	**B:** Denkst Du das wirklich?	--	--
34.	0:48:07 – 0:48:09 (2“)	G	AH	RA, UF r	In Jerrys Wohnung: Jerry sitzt zurückgelehnt im Stuhl.	**J:** Ja.	Straßengeräusche im Hintergrund	--
35.	0:48:09 – 0:48:17 (8“)	G	AH	UF l	In Barbaras Hotelzimmer: Barbara zieht ihr Halstuch aus.	**B:** Weißt Du, es ist so… unheimlich warm hier drin, dass ich vielleicht sogar ganz nackt schlafe.	Abgestreiftes Halstuch	--
36.	0:48:17 – 0:48:21 (4“)	G	AH	RA, UF r	In Jerrys Wohnung: Jerry lächelt bei dem Gedanken an Barbara.	**J:** Das ist eine gute Idee.	Straßengeräusche im Hintergrund	--
37.	0:48:21 – 0:48:26 (5“)	N	OS	Leichter RS n u	In Barbaras Hotelzimmer: Barbara knöpft ihre Bluse auf.	**B:** Und was ist mit Dir? Wie ist die Temperatur in Deinem Schlafzimmer?		--
38.	0:48:26 – 0:48:34 (8“)	D -> G	Leichte OS	UF r	In Jerrys Wohnung: Jerry zieht sein Schlafanzugoberteil aus. Seine Schulter wird entblößt.	**J:** Warm. Sehr…warm. Eigentlich sogar heiß. Und sehr feucht.	Straßengeräusche im Hintergrund; abgestreiftes Pyjamaoberteil.	--
39.	0:48:34 – 0:48:52 (18“)	G	Leichte OS	Leichte RÜ und RS, dann RA	In Barbaras Hotelzimmer: Barbara zieht ihre Bluse aus. Plötzlich entdeckt sie ihre rot-weiß-karierten Wollsocken, zieht eine davon aus der Tasche	**B:** Wirklich? Du solltest Deinen Hausmeister anrufen. Zu viel Feuchtigkeit schadet den Elektronikgeräten. Oh, Moment mal…sieh an, was wir hier noch	Abgestreifte Bluse	--

					und betrachtet sie.	haben…da ist ja mein rotes Seidenhemdchen.		
40.	0:48:52 – 0:48:54 (2“)	G	leichte US	Leichte RÜ mit LS	In Jerrys Wohnung: Jerry schluckt.	--	Straßengeräusche im Hintergrund; Schluckgeräusche	--
41.	0:48:54 – 0:49:02 (8“)	N	AH	St	In Barbaras Hotelzimmer: Barbara schmiegt die rot-weiß karierte Socke an sich. Dann zeiht sie die andere Socke aus der Reisetasche.	**B:** Weißt Du, das hab ich schon überall gesucht. Und sieh Dir das an…	--	--
42.	0:49:02 – 0:49:05 (3“)	G	Leichte OS	Leichter LS	In Jerrys Wohnung: Jerry sitzt mit entblößten Schultern im Stuhl.	**J:** Was?	Straßengeräusche im Hintergrund	--
43.	0:49:05 – 0:49:11 (6“)	N	AH	St	In Barbaras Hotelzimmer: Barbara betrachtet die zweite Socke und streichelt damit ihre Wange.	**B:** Ein Lollipop.	--	--
44.	0:49:11 – 0:49:16 (5“)	G	Leichte OS	RS	In Jerrys Wohnung: Jerry sitzt mit entblößten Schultern im Stuhl und lacht verlegen.	--	Straßengeräusche im Hintergrund; Jerrys verlegenes Lachen	--

Einstellungsprotokoll *Lost Highway*: Freds Telefonat mit dem Mystery Man

E-Nr.	E-Länge/ Zählwerk (h:m:s)	Bild-Spur				Ton-Spur		
		E-Größe	K-Position	K-Bewegung	H-Ort/E-Inhalt	Sprache/Dialog	Geräusche	Musik
1.	0:26:14 – 0:27:41 (1'27")	ST ->N ->AM ->N	AS -> AH	LS -> RÜ -> RS -> RF	Auf Andys Party: Es ist Nacht. Um Andys beleuchteten Pool tummeln sich die Partygäste, einige vergnügen sich im Wasser. Ein weiblicher Partygast begrüßt Andy auf dem Balkon. Er küsst sie, dann dreht er sich breit grinsend um und geht auf Renee zu. Sie umarmen sich. Fred sieht zu und zündet sich eine Zigarette an. Renee kippt ihren Drink und fällt betrunken in Andys Arme. Sie reicht Fred ihr Glas und bittet ihn, ihr einen weiteren Drink zu holen. Als Fred geht, stupst sie Andy an und tanzt mit ihm. Fred geht mit dem leeren Glas ins Haus. An der Bar bestellt er zwei Gläser Scotch. Er drückt seine Zigarette aus und leert beide Gläser. Sein Blick richtet sich zur Tür und scheint etwas entdeckt zu haben. Er hält kurz inne.	**Weiblicher Partygast:** Hey Andy! Wild party! **Andy:** You look ravishing. **Weiblicher Partygast:** Thank you. **Renee:** Fred! Please? Please? **Renee** (zu Andy)**:** Hey! **Fred** (zum Barkeeper)**:** Two double Scotches, neat.	Partygeräusche (Schreien, Lachen Gespräche, etc.); Wasserplanschen	Diegetisch: Leichte Partymusik im Lounge-Stil. Als Fred an der Bar steht, folgt ein Scratch-Effekt, und die Musik beginnt von vorne.

2.	0:27:41 – 0:27:44 (3“)	T	AH	St	Ein seltsamer Mann kommt auf Fred zu. Er ist klein und ganz in schwarz gekleidet. Seine schwarzen Haare sind straff aus dem Gesicht gekämmt. Sein Gesicht ist sonderlich weiß geschminkt.	--	Partygeräusche	Lounge-artige Musik vom Anfang
3.	0:27:44 – 0:27:48 (4“)	N	AH	St	Fred blickt den Mann an. Dann lässt sein Blick von ihm ab, und er sieht auf den Boden.	--	s.o.	s.o.
4.	0:27:48 – 0:27:57 (9“)	T -> N	AH, starke OS	RF, HF	Der Mystery Man kommt grinsend auf ihn zu. Seine Lippen sind rot angemalt, seine Augen schwarz umrandet. Er grinst Fred an.	--	Die Partygeräusche verstummen	Die Partymusik verstummt
5.	0:27:57 – 0:27:59 (2“)	G	US	St	Fred blickt musternd zurück.	--	Dumpfes Rauschen	--
6.	0:27:59 – 0:28:04 (5“)	G	OS	St	Der Mystery Man starrt ihn grinsend an.	**Mystery Man:** We've met before, haven't we?	s.o.	--
7.	0:28:04 – 0:28:13 (9“)	G	US	Kurzer RS, kurzer LS	Fred schüttelt den Kopf, dreht sich um und stellt sein Glas ab. Dann wendet er sich erneut dem Mystery Man zu.	**Fred:** I don't think so. When was it you think we met?	s.o. Abgestelltes Glas	--
8.	0:28:13 – 0:28:18 (5“)	G	OS	St	Der Mystery Man starrt ihn grinsend an.	**MM:** At your house. Don't you remember?	Dumpfes Rauschen	--
9.	0:28:18 – 0:28:24 (6“)	G	US	St	Fred blickt ungläubig. Er überlegt kurz und schüttelt dann leicht den Kopf. Er lächelt.	**F:** No. No, I don't. Are you sure?	s.o.	--

10.	0:28:24 – 0:28:33 (9“)	G	OS	St	Der Mystery Man starrt ihn grinsend an.	**MM:** Of course. As a matter of fact, I'm there right now.	s.o.	--
11.	0:28:33 – 0:28:41 (8“)	G	US	St	Fred blickt den Mystery Man fragend an.	**F:** What do you mean? You are where right now?	s.o.	--
12.	0:28:41 – 0:28:45 (4“)	G	OS	St	Der Mystery Man starrt Fred grinsend an.	**MM:** At your house.	s.o.	--
13.	0:28:45 – 0:28:52 (7“)	G	US	St	Fred neigt seinen Kopf leicht zur Seite, schaut den Mystery Man ernst an und beugt sich leicht zu ihm.	**F:** That's fucking crazy, man.	s.o.	--
14.	0:28:52 – 0:28:54 (2“)	G	OS	St	Der Mystery Man erwidert Freds Antwort mit starrem Blick. Er zittert leicht.	--	s.o.	--
15.	0:28:54 – 0:28:58 (4“)	D	OS	St	Der Mystery Man holt ein Handy aus seiner Tasche hervor, zieht die Antenne heraus, klappt es auf und drückt die Abhebe-Taste.	--	s.o. Aufgeklapptes Handy; Piepton	--
16.	0:28:58 – 0:29:01 (3“)	G	OS	St	Der Mystery Man starrt Fred an.	**MM:** Call me.	Dumpfes Rauschen	--
17.	0:29:01 – 0:29:04 (3“)	G	US	St	Fred hält den Kopf leicht zur Seite gebeugt. Er blinzelt nervös mit den Augen. Er visiert kurz das Handy an und nickt unentschlossen mit geöffnetem Mund.	--	s.o.	--
18.	0:29:04 – 0:29:07 (3“)	D	OS	RS	Fred nimmt das Handy, das ihm der Mystery Mann reicht.	--	s.o.	--

19.	0:29:07 – 0:29:11 (4“)	G	US	St	Fred schaut den Mystery Mann ungläubig an. Dann senkt er den Blick zum Handy in seiner Hand.	**MM:** Dial your number.	s.o.	--
20.	0:29:11 – 0:29:13 (2“)	G	OS	St	Der Mystery Man grinst mit starrem Blick.	**MM:** Go ahead.	s.o.	--
21.	0:29:13 – 0:29:14 (1“)	G	US	St	Fred senkt den Blick.	--	Dumpfes Rauschen; Tastentöne des Handys	--
22.	0:29:14 – 0:29:16 (2“)	D	AS	St	Fred wählt seine Nummer.	--	s.o.	--
23.	0:29:16 – 0:29:24 (8”)	G	US	St	Fred blickt mit einem leichten Grinsen zum Mystery Man auf und hält das Handy ans Ohr.	--	Dumpfes Rauschen; Tastentöne des Handys; Klingelzeichen	--
24.	0:29:24 – 0:29:25 (1“)	G	OS	St	Der Mystery Man blickt Fred grinsend an.	**Verzerrte Stimme am Telefon:** I told you…	Dumpfes Rauschen wird lauter	--
25.	0:29:25 – 0:29:34 (9“)	G	US	RA	Freds Blick erstarrt. Er blickt den Mystery Man ernst an. Er hält das Handy ein Stück vom Ohr weg und richtet sich an den Mystery Man.	…I was here. **F:** How did you do that?	Dumpfes Rauschen	--
26.	0:29:34 – 0:29:38 (4“)	G	OS	St	Der Mystery Man starrt grinsend zurück.	**MM:** Ask me.	s.o.	--
27.	0:29:38 – 0:29:47 (9“)	G	US	St	Fred zögert. Er hält das Handy noch immer vom Ohr weg. Dann führt er es schnell wieder zum Ohr. Er zittert erregt.	**F:** How did you get inside my house? **Verzerrte Stimme am Telefon:** You invited me…	s.o.	--

28.	0:29:47 – 0:29:50 (3“)	G	OS	St	Der Mystery Man starrt Fred grinsend an.	…It is not my custom to go where I'm not wanted.	s.o.	--
29.	0:29:50 – 0:29:54 (4“)	G	US	St	Fred wirkt verärgert und verwirrt zugleich.	**F:** Who are you? **MM:** Mh..	s.o.	--
30.	0:29:54 – 0:29:58 (4“)	G	OS	St	Der Mystery man grinst. Allmählich wird aus dem Grinsen ein schallendes Lachen.	…mmmhhh…	s.o.	--
31.	0:29:58 – 0:29:59 (1“)	G	US	St	Fred hört ungläubig in die Leitung und blickt den Mystery Man an. Am anderen Ende der Leitung ertönt dasselbe verzerrte Lachen.	**MM/Verzerrte Stimme am Telefon:** Hahahahahahahahahaha…!!	s.o.	--
32.	0:29:59 – 0:30:03 (4“)	G	OS	St	Der Mystery Man lacht höhnisch und zeigt dabei seine Zähne.	**Verzerrte Stimme am Telefon:** Give me back my phone!	s.o.	--
33.	0:30:03 – 0:30:09 (6“)	G	US	St	Fred lässt das Telefon vom Ohr sinken. Er blinzelt verstört mit offenem Mund. Dann fixiert er den Mystery Man mit seinem Blick.	--	Dumpfes Rauschen; zugeklapptes Handy	--
34.	0:30:09 – 0:30:20 (11“)	G, N	OS, AH	LS mit leichtem S n ɔ	Der Mystery man greift das Handy. Sein Blick bleibt starr an Fred geheftet. Er grinst. Dann dreht er sich um und geht.	**MM:** It's been a pleasure talking to you.	Dumpfes Rauschen wird zur Partymusik vom Anfang	Die Lounge-artige Partymusik vom Anfang setzt leise wieder ein.
35.	0:30:20 – 0:30:23 (3“)	N	AH	St	Fred blickt dem Mystery Man hinterher. Er blinzelt mehrmals hintereinander.	--	Partygeräusche vom Anfang	Lounge-artige Partymusik
36.	0:30:23 – 0:30:28 (5“)	HT	AH	St	Der Mystery Man verschwindet unter den Partygästen.	--	s.o.	s.o.

Einstellungsprotokoll *A Perfect Murder*: Der Anruf zum Mord

E-Nr.	E-Länge/ Zählwerk (h:m:s)	Bild-Spur				Ton-Spur		
		E-Größe	K-Position	K-Bewegung	H-Ort/E-Inhalt	Sprache/Dialog	Geräusche	Musik
1.	0:41:10 – 0:41:33 (23“)	W	OS, leichte US	LS, LF/ UF um den Tisch	Steven sitzt mit fünf Kollegen beim nächtlichen Kartenspiel an einem runden Tisch. Die Karten werden neu ausgeteilt.	**Spieler 1:** $ 1,000 to you, George. **Spieler 2:** Fold. **Spieler 3:** Call. **Steven:** Down and dirty. **Spieler 4:** Last one, gentlemen. **Spieler 5:** Got to have more than that. **Steven:** Three sixes still bets.	Kartenspiel, Gespräche der Gäste im Hintergrund	Non-diegetisch: Langsame instrumentale Musik, bedrohlich wirkend.
2.	0:41:33 – 0:41:38 (5“)	G	AS	Leichter S n r und o	Im Treppenhaus: Der Angreifer nimmt den Schlüssel aus dem Versteck.	--	Klapperndes Geräusch des Kästchens und des Schlüssels	s.o.
3.	0:41:38 – 0:41:52 (14“)	G	AS	S n o	Im Badezimmer: Emily liegt im Schaumbad. Sie reibt ihre Füße aneinander. Sie sind mit Schaum bedeckt. Ihre Unterschenkel und der mit Schaum bedeckte Oberkörper kommen ins Bild, danach ihr Gesicht.	--	Geplätscher des Badewassers	s.o.
4.	0:41:52 – 0:41:59 (7“)	D	AS	St	Am Lieferanteneingang: Der Angreifer steckt den Schlüssel in das Türschloss und öffnet die Tür.	--	Bewegter Schlüssel im Schloss; aufgehende Tür.	s.o. Beim Einstecken des Schlüssels: laute musikalische

								Betonung.
5.	0:41:59 – 0:42:03 (4“)	D -> T	AS, dann AH	S n r o	Die Tür öffnet sich, der Blick auf den Flur, den Eingang zur Küche und das Telefon wird frei.	--	--	Langsame, bedrohlich wirkende, instrumentale Musik vom Anfang.
6.	0:42:03 – 0:42:08 (5“)	N	AH	S n r u	Beim Kartenspiel: Ein Spieler verteilt die Karten neu.	**Spieler 1:** Gentlemen, same game. **Spieler 2:** It's getting a little boring.	Geräusche des Kartenspiels und der Umgebung	s.o.
7.	0:42:08 – 0:42:11 (3“)	N	US	St	Steven blickt ernst und nachdenklich abwesend, während die Karten ausgeteilt werden. Er dreht seinen Kopf nach rechts.	**Spieler 3:** One, two, three, four… **Spieler 4:** Ah, check.	s.o.	s.o.
8.	0:42:11 – 0:42:15 (4“)	N	US	St	Steven wendet seinen Blick zur Standuhr, die rechts neben ihm an der Wand steht. Sie zeigt kurz vor zehn Uhr an. Danach wendet er seinen Blick wieder ab.	**Spieler 5:** I like that.	s.o.	s.o.
9.	0:42:15 – 0:42:16 (1“)	G	AS	St	Steven zieht die ausgeteilten Karten zu sich.	--	s.o.	s.o.
10.	0:42:16 – 0:42:19 (4“)	N	US	St	Steven nimmt seine Karten auf und wirft sie zurück auf den Tisch. Mit der rechten Hand greift er in seine Sakko-Tasche.	**Steven:** I'm out.	s.o.	s.o.
11.	0:42:19 – 0:42:21 (2“)	N	Leichte US	S n r o	Steven holt sein Mobiltelefon aus seiner Sakko-Tasche.	--	s.o.	s.o.
12.	0:42:21 –	N	AS	St	Steven klappt sein	--	Aufklappendes	s.o.

	0:42:23 (2“)				Mobiltelefon auf, stellt es an und zieht die Antenne heraus.		Mobiltelefon; Piepen des Tastentons; Herausziehen der Antenne; Geräusche des Kartenspiels und der Umgebung	
13:	0:42:23 – 0:42:26 (3“)	N	US	St	Steven führt sein Mobiltelefon ans Ohr.		Geräusche des Kartenspiels und der Umgebung	s.o.
14.	0:42:26 – 0:42:31 (5“)	P	AH	PF	Skyline von New York bei Nacht.	--	Telefonklingeln	s.o.
15.	0:42:31 – 0:42:37 (6“)	G	US	St	In Stevens Büro: Das Telefon klingelt. Dann geht der Bildschirm des Computers dahinter an. Der Anruf wird aufgezeichnet.	--	Telefonklingeln, Computergeräusch	s.o.
16.	0:42:37 – 0:42:39 (2“)	N	Leichte US	St	Beim Kartenspiel: Spieler 1 kommentiert Stevens Anruf.	**Spieler 1:** Must be morning in Hong Kong.	Geräusche des Kartenspiels und der Umgebung;	s.o.
17.	0:42:39 – 0:42:41 (2“)	N	US	St	Steven lächelt dem Kommentator zu.	--	Geräusche des Kartenspiels und der Umgebung; Gelächter	s.o.
18.	0:42:41 – 0:42:52 (11“)	N	Leichte OS	LS	Im Badezimmer: Emily entspannt sich in ihrem Schaumbad.	--	Badewasser	Die Musik wird schneller und wirkt bedrohlich.
19.	0:42:52 – 0:42:57 (5“)	G	OS	St	Im Hausflur: Der Angreifer läuft mit schweren Stiefeln durch den Flur.	--	Fußtritte auf dem Boden	s.o.
20.	0:42:57 – 0:43:00 (3“)	G	Leichte US, dann AS	S n u	Beim Kartenspiel: Steven hält das Mobiltelefon ans Ohr, dann steckt er es schnell zurück in seine rechte Sakko-	--	Geräusche des Kartenspiels und der Umgebung	s.o.

					Tasche.			
21.	0:43:00 – 0:43:01 (1“)	G	US	St	Steven wirft seine Karten hin.	**Steven:** There’s my cards.	s.o.	s.o.
22.	0:43:01 – 0:43:05 (4“)	N	AH	St	Steven nimmt aus seiner linken Innentasche ein zweites Mobiltelefon heraus.	**Spieler 1:** Let’s have a better hand this time.	s.o.	s.o.
23.	0:43:05 – 0:43:07 (2“)	G	AS	St	Unter dem Spieltisch: Steven öffnet das zweite Mobiltelefon und stellt die Lautstärke auf Null.	--	Geräusche des Kartenspiels und der Umgebung; aufklappendes Mobiltelefon; Tastenton	s.o.
24.	0:43:07 – 0:43:11 (4“)	G	AS, dann US	S n o	Steven öffnet die Antenne und führt das zweite Mobiltelefon wie zuvor das erste an das rechte Ohr. Dann wendet er seinen Kopf.	--	Geräusche des Kartenspiels und der Umgebung; herausgezogene Antenne	s.o.
25.	0:43:11 – 0:43:13 (2“)	D	US	St	Die Standuhr: Sie zeigt 10 Uhr an.	--	Geräusche des Kartenspiels und der Umgebung	s.o.
26.	0:43:13 – 0:43:22 (9“)	T	Sehr leichte OS	LS	In der Wohnung der Taylors: Die Küche wird gezeigt, dann das klingelnde Telefon an der Wand.	--	Telefonklingeln	s.o.
27.	0:43:22 – 0:43:28 (6“)	G	OS	St	In der Badewanne: Emily hat die Augen geschlossen, entspannt sich. Als sie das Telefon hört, öffnet sie die Augen. Sie wendet den Blick.	--	Badewasser; Telefonklingeln	s.o.
28:	0:43:28 – 0:43:31 (3“)	G	Leichte OS	St	Sie wendet den Blick in Richtung des Klingelns.	--	Telefonklingeln	s.o.
29.	0:43:31 – 0:43:39 (8“)	T	Leichte OS	LF	Der lange Hausflur wird gezeigt.	--	Telefonklingeln	s.o.

30:	0:43:39 – 0:43:42 (3")	G	OS	St	In der Badewanne. Emily wartet das Klingeln ab.	**Emily:** You've got to be kidding me.	Telefonklingeln	--
31.	0:43:42 – 0:43:49 (7")	G	AS	S n u	Sie richtet sich auf, wartet das Klingeln ab.	--	Telefonklingeln; Badewasser	--
32.	0:43:49 – 0:43:51 (2")	G	AS	St	Unter dem Spieltisch: Steven stellt das Handy auf stumm.	--	Geräusche des Kartenspiels und der Umgebung; piepender Tastenton	--
33.	0:43:51 – 0:43:54 (3")	G	AS, dann US	S n o	Er führt das Handy zum Ohr.	--	Geräusche des Kartenspiels und der Umgebung; Gelächter	--
34.	0:43:54 – 0:44:07 (7")	T -> HT -> AM -> N	Leichte OS	RS	Im Hausflur: Emily kommt die Treppe hinunter und geht um die Ecke zum Telefon.	**Emily:** Hello?	Telefonklingeln; Emilys Schritte; Abheben des Hörers	--
35.	0:44:07 – 0:44:11 (4")	N	AH	UF r um den Spieltisch	Am Spieltisch: Steven am Telefon. Er grinst leicht.	**Spieler 1:** That's a serious bet.	Geräusche des Kartenspiels	--
36.	0:44:11 – 0:44:16 (5")	N	OS	Kurze RÜ	In der Küche: Emily spricht in das Telefon.	**Emily:** Hello?...Hello?	Seufzen	--
37.	0:44:16 – 0:44:20 (4")	N	OS	St	Als sich keiner meldet, fragt sie erneut nach. Plötzlich wird sie von hinten überfallen.	**Emily:** Who is this?	Überfallgeräusch	Non-diegetisch: Plötzlich einsetzende Instrumental-Musik beim Überfall.
38.	0:44:20 – 0:44:23 (3")	AM	OS	Schneller R-L-S/HK	Der Angreifer überfällt Emily und zieht sie zu Boden.	--	Kampfgeräusche; Emilys Schreie	Die Musik hält sich im Takt des Kampfes.
39.	0:44:23 – 0:44:25 (2")	G -> N -> AM -> HT	AS	HK	Er schleudert sie auf den Küchentisch. Sie rutscht darüber und fällt am Ende	--	s.o.	s.o.

					hinunter. Der Angreifer stürzt sich auf sie.			
40.	0:44:25 – 0:44:29 (4“)	N	AH	UF r um den Spieltisch	Am Spieltisch: Steven hört am Telefon mit.	--	Geräusche des Kartenspiels und der Umgebung	s.o.
41.	0:44:29 – 0:44:30 (1“)	G	US	RSS n o/HK	In der Küche: Der Angreifer stranguliert Emily.	--	Kampfgeräusche; Emilys Schreie	s.o.
42.	0:44:30 – 0:44:34 (4“)	N	AH	RS und F n vorn/HK	Sie kämpfen sich durch die Küche. Er wirft sie auf die Küchenablage.	--	Kampfgeräusche; Geschirr	s.o.
43.	0:44:34 – 0:44:35 (1“)	N	OS	HK	Emily wird gegen einen Topf mit Besteck geworfen.	--	Geschirr; Kampfgeräusche, Emilys Schreie	s.o.
44.	0:44:35 – 0:44:40 (5“)	N	AH	UF r um den Spieltisch	Am Spieltisch: Steven hört am Telefon alles mit.	--	Geräusche des Kartenspiels und der Umgebung	s.o. Trommelschläge
45.	0:44:40 – 0:44:42 (2“)	HT	AH	LF/HK	In der Küche: Kampf zwischen Emily und dem Angreifer	--	Geschirr; Kampfgeräusche, Emilys Schreie	s.o.
46.	0:44:42 – 0:44:44 (2“)	N	OS	RS; F n vorne	Er wirft sie auf den Herd.	--	s.o.	s.o.
47.	0:44:44 – 0:44:47 (3“)	AM	Leichte US	LS/HK	Der Kampf zwischen Emily und dem Angreifer geht weiter.	--	s.o.	s.o.
48.	0:44:47 – 0:44:49 (2“)	G	Leichte US	RS-LS	Der Angreifer stranguliert Emily.	--	Kampfgeräusche; Emily ringt nach Atem	s.o.
49.	0:44:49 – 0:44:52 (3“)	AM	Leichte US	LS	Er drückt sie auf die Spüle und beugt sich über sie.	--	s.o.	s.o.
50.	0:44:52 – 0:44:56 (4“)	N	Leichte US	UF r um den Spieltisch	Am Spieltisch: Steven hört am Telefon alles mit.	--	Geräusche des Kartenspiels und der Umgebung	s.o.
51.	0:44:56 – 0:44:58	G	OS	HK r l	In der Küche: Der Angreifer stranguliert Emily.	--	Kampfgeräusche; Emily ringt nach	s.o.

	(2“)						Atem	
52.	0:44:58 – 0:44:59 (1“)	N	US	HK r l	Er greift nach einem Gegenstand.	--	s.o.	s.o.
53.	0:44:59 – 0:45:01 (2“)	G	US	HK r l o u	Er greift einen Topf, der über ihm hängt.	--	Geschirr; Kampfgeräusche; Emily ringt nach Atem	s.o.
54.	0:45:01 – 0:45:03 (2“)	G	AH	LS	Emily greift nach einem Messer neben ihr.	--	Herausgezogene Messerklinge; Kampfgeräusche	s.o.
55.	0:45:03 – 0:45:03 (--“)	G	US	S n u	Der Angreifer ergreift einen Topf, der über ihm hängt. Emily versucht sich mit dem Messer zu wehren.	--	Geschirr; Kampfgeräusche; Emily ringt nach Atem	s.o.
56.	0:45:03 – 0:45:04 (1“)	G	US	S n o	Er wehrt ihre Messerattacke ab.	--	Kampfgeräusche	Die Musik wird schneller
57.	0:45:04 – 0:45:06 (2“)	N	Leichte US	LS	Er beugt sich über sie.	--	s.o.	s.o.
58.	0:45:06 – 0:45:07 (1“)	G	US	HK r l	Er wehrt das Messer mit der Hand ab.	--	s.o.	s.o.
59.	0:45:07 – 0:45:09 (2“)	G	AS	LS	Er stranguliert Emily.	--	Kampfgeräusche; Emilys Schreie	s.o.
60.	0:45:09 – 0:45:12 (3“)	G	US	S n r u	Er drückt Emilys Hand nach unten und entfernt das Messer.	--	Kampfgeräusche; Emilys Schreie; Messerklinge	s.o.
61.	0:45:12 – 0:45:13 (1“)	G	AS	HK r l	Er stranguliert Emily.	--	Kampfgeräusche; Emily ringt nach Atem	s.o.
62.	0:45:13 – 0:45:15 (2“)	G	AS	s.o.	Emily greift neben sich in die Geschirrablage. Sie sucht nach etwas, womit sie sich wehren	--	Kampfgeräusche; Geschirr-Geklapper	s.o.

					kann.			
63.	0:45:15 – 0:45:16 (1“)	G	US	s.o.	Der Angreifer beugt sich über Emily.	--	s.o.	s.o.
64.	0:45:16 – 0:45:16 (--“)	G	AS	HK u o	Emily ringt nach Atem.	--	Kampfgeräusche; Geschirr-Geklapper; Emily ringt nach Atem	s.o.
65.	0:45:16 – 0:45:18 (2“)	G	AS	LS	Sie greift neben sich in die Geschirrablage und sucht nach etwas, womit sie sich wehren kann. Schließlich greift sie den Temperaturmessstab.	--	Kampfgeräusche; Geschirr-Geklapper	s.o.
66.	0:45:18 – 0:45:19 (1“)	G	Leichte AS	HK	Emily greift nach dem Temperaturmessstab.	--	s.o.	Trommelwirbel-artiger, musikalischer Spannungs-aufbau
67.	0:45:19 – 0:45:21 (2“)	G	AS	HK	Emily greift den Temperaturmessstab.	--	s.o.	s.o.
68.	0:45:21 – 0:45:21 (--“)	G	AS	HK	Emily greift den Temperaturmessstab.	--	s.o.	s.o.
69.	0:45:21 – 0:45:22 (1“)	G	AS	HK	Emily rammt den Temperaturmessstab in den Hals des Angreifers.	--	Kampfgeräusche; Einstichgeräusch; Emilys Schreie	Musikalische Betonung des Einstichs
70.	0:45:22 – 0:45:23 (1“)	G	US	HK	Emily rammt den Temperaturmessstab in den Hals des Angreifers.	--	Kampfgeräusche; Einstichgeräusch; Emilys Schreie	s.o.
71.	0:45:23 – 0:45:25 (2“)	N	AS	HK	Blut spritzt aus der Halsverletzung des Angreifers auf Emily, die unter ihm liegt.	--	Emilys Schreie	Musik wird langsamer

72.	0:45:25 – 0:45:27 (2“)	N	US	S n u	Der Angreifer sinkt nieder, Blut strömt aus seiner Wunde.	--	Emilys Stöhnen	s.o.
73.	0:45:27 – 0:45:36 (9“)	AM	AH	St	Er lässt von Emily ab, sinkt zu Boden. Emily rutscht erschöpft vom Spültisch.	--	Emilys Stöhnen; Fallende Körper	s.o.
74.	0:45:36 – 0:45:39 (3“)	G	Leichte US	St	Am Spieltisch: Steven hört am Telefon alles mit. Dann nimmt er das Handy vom Ohr.	--	Geräusche des Kartenspiels und der Umgebung	s.o.
75.	0:45:39 – 0:45:40 (1“)	N	Leichte US	St	Steven nimmt das Telefon vom Ohr.	--	s.o.	s.o.
76.	0:45:40 – 0:45:42 (2“)	G	AS	St	Steven klappt das Mobiltelefon zu und fährt die Antenne ein.	--	Geräusche des Kartenspiels und der Umgebung; Zuklappen des Mobiltelefons und das Einfahren der der Antenne	s.o.
77.	0:45:42 – 0:45:52 (10“)	N	Leichte US	UF l um den Tisch	Steven steckt das Mobiltelefon in seine innere Sakko-Tasche zurück. Er kehrt lächelnd zum Spiel zurück.	**Steven:** I'm in. **Spieler 1:** Put your money up, here we go. **Spieler 2:** Just in time! **Spieler 3:** Different winner this time. Tough, guys. **Spieler 4:** I liked the last one.	Geräusche des Kartenspiels und der Umgebung	s.o.
78.	0:45:52 – 0:46:03 (11“)	N	AS	LF	In der Küche: Der Telefonhörer liegt auf dem Boden. Ein Stück weiter weg liegen Emily und der blutüberströmte Angreifer.	--	Besetzt-Zeichen tönt aus dem Telefon	s.o.

Einstellungsprotokoll *Matrix*: verkabeltes und kabelloses Telefon im Einsatz

E-Nr.	E-Länge/ Zählwerk (h:m:s)	Bild-Spur				Ton-Spur		
		E-Größe	K-Position	K-Bewegung	H-Ort/E-Inhalt	Sprache/Dialog	Geräusche	Musik
1.	1:04:22 – 1:04:28 (6")	G -> N	Leichte US	RÜ	Auf der Nebukadnezar: Auf drei Computerbildschirmen flimmern die grünen Zeichenkaskaden des Matrixcodes. Tank springt in seinen Sitz und schüttelt seine Schultern aus.	--	Quietschender Sitz	non-diegetisch: Teile aus *Prime Audio Soup* von *Meat Beat Manifesto*
2.	1:04:28 – 1:04:32 (4")	G	US	St	Er spricht in sein Headset, während er den Computer einstellt.	**Tank:** Everyone, please observe the *fasten seat belt* and *no smoking* signs are on…	Geräuschvolles Ausatmen; klickende Computertasten; fiepende Tastentöne	s.o.
3.	1:04:32 – 1:04:36 (4")	AM -> HT	Starke AS	RS	Er drückt verschiedene Knöpfe am Computer. Neben seinem Arbeitsbereich sind die Liegen der Crewmitglieder aufgebaut. Trinity liegt bereits in ihrem Sitz. Sie hat die Augen geschlossen und ist bereit für ihren Ausflug in die Matrix.	…sit back and enjoy your flight.	Klickende Computertasten	s.o.
4.	1:04:36 – 1:04:37 (1")	D	FS	UF l	In einem dunklen, alten Hotelraum in der Matrix: Auf einem Tisch steht ein schwarzes Analogtelefon. Es klingelt.	--	Einmaliges Telefonklingeln	s.o.

5.	1:04:37 – 1:04:40 (3“)	AM	Starke AS	RS	Auf der Nebukadnezar: Neo liegt mit geschlossenen Augen in seinem Sitz.	--		s.o.
6.	1:04:40 – 1:04:42 (2“)	D	Leichte OS	UF l	Im dunklen Hotelzimmer: Das Telefon klingelt weiter.	--	Einmaliges Telefonklingeln	s.o.
7.	1:04:42 – 1:04:44 (2“)	AM	Starke AS	RS	Auf der Nebukadnezar: Mouse liegt bereit auf seiner Liege. Seine Augen sind geschlossen. Neben ihm liegt Switch.	--		s.o.
8.	1:04:44 – 1:04:46 (2“)	D	Leichte OS	UF l	Im dunklen Hotelzimmer: Das Telefon klingelt.	--	Einmaliges Telefonklingeln	s.o.
9.	1:04:46 – 1:04:48 (2“)	AM	Starke AS	RS	Auf der Nebukadnezar: Apoc liegt zurückgelehnt in seinem Sitz. Auch seine Augen sind geschlossen. Neben ihm liegt Morpheus, ebenfalls mit geschlossenen Augen.	--		s.o.
10.	1:04:48 – 1:05:00 (12“)	D -> HT -> N	US	UF l -> St -> S n o	Im dunklen Hotelzimmer: Das Telefon klingelt. Im Hintergrund erscheint Cypher im Bild. Er sitzt auf einem Tisch. Neben ihm steht Trinity. Beide tragen eine Sonnenbrille. Weiter hinten steht zwischen den beiden Mouse. Neben Trinity steht Neo, gefolgt von Morpheus und Switch. Neben Switch steht Apoc. Alle Crewmitglieder sind in Lack und Leder	**Morpheus:** We're in.	Dreimaliges Telefonklingeln	Mit dem Abheben des Hörers hält die Musik mit einem Drum-Effekt an.

					gekleidet. Das Telefon klingelt. Morpheus geht darauf zu und nimmt den Hörer ab.			
11.	1:05:00 – 1:05:13 (13“)	T -> G	US	RA	Vor dem Lieferanteneingang des Hotels: Die Tür öffnet sich, Cypher kommt hinaus und geht die Treppe hinunter. Er wird gefolgt von Trinity, hinter ihr kommt Neo mit gesenktem Kopf aus der Tür. Er hält einen Moment vor der Treppe inne und blickt nach oben. Hinter ihm kommt Switch aus der Tür und bleibt auf der Rampe des Lieferanteneingangs stehen. Neo geht die Treppe hinunter und blickt sich langsam um. Hinter ihm im Eingang stehen Apoc und Morpheus.	--	Geöffnete Tür; Tritte auf Metalltreppe	Leise, sphärische Musik wird mit Neos Auftritt intensiviert.
12.	1:05:13 – 1:05:16 (3“)	N	AH	St	Morpheus wendet seinen Blick zu Apoc und danach zu Switch. Sie alle tragen Sonnenbrillen.	**M:** We’ll be back in an hour.		Sphärische Musik setzt aus.
13.	1:05:16 – 1:05:17 (1“)	HT	US	St	Ein Auto steht für die Crew bereit. Daneben befinden sich die Mülltonnen des Hotels. Cypher geht von hinten an einem geparkten Auto vorbei. Aus seiner	--	Cyphers Schritte	--

					Jackentasche zieht er ein Handy.			
14.	1:05:15 – 1:05:18 (3“)	G	FS	St	Zwischen dem Auto und den Mülltonnen: Cypher geht am Auto vorbei und klappt das Handy auf.	--	Aufklappen des Handys klingt so, als ob eine Waffe geladen wird	--
15.	1:05:18 – 1:05:20 (2“)	N -> D	FP	St	Aus einer Mülltonne des Hotels heraus: Cypher wirf das aufgeklappte Handy von oben hinein.	--	Wählgeräusch des Handys	--
16.	1:05:20 – 1:05:23 (3“)	G -> D	AS	EF in die Mülltonne	Das Handy landet neben alten Konserven und Papier im Müll. Auf seinem Display erscheint eine gewählte Rufnummer.	--	Landen des Handys auf alten Zeitungen; knackendes Verbindungs-Geräusch	--

Einstellungsprotokoll *Phone Booth*: Nimm nicht ab!

E-Nr.	E-Länge/ Zählwerk (h:m:s)	Bild-Spur				Ton-Spur		
		E-Größe	K-Position	K-Bewegung	H-Ort/E-Inhalt	Sprache/Dialog	Geräusche	Musik
1.	0:11:18 – 0:11:22 (4“)	G -> D	OS	RA	In der Telefonzelle: Stu nimmt seinen Ehering von der Ablage des Telefonapparats und legt ihn kurz darauf wieder hin, dann klappert er mehrmals mit ihm auf die Ablage.	--	Klappern des Rings; Telefonklingeln	--
2.	0:11:22 – 0:11:43 (21“)	G	AH	Kurzer RS, LS	Stu nimmt den Hörer ab und meldet sich. Er hört dem anonymen Anrufer verwundert zu und dreht sich seitlich.	**Stu:** Yeah. **Anonymer Anrufer:** Isn't it funny? You hear a phone ring, and it could be anybody, but a ringing phone has to be answered, doesn't it? **Stu:** What? **Anonymer Anrufer:** I hope you realize how you've hurt my feelings. **Stu:** Who the fuck is this? **Anonymer Anrufer:** Don't think about leaving that phone booth. **Stu:** Wrong number, pal. **Anonymer Anrufer:** It was a perfectly delicious pizza and	Telefonklingeln; Räuspern; Abnehmen des Hörers; Straßengeräusche	--

						you are certainly going to wish…		
3.	0:11:43 – 0:11:46 (3”)	AM	AS	St	Stu tritt mit seinem Körper halb aus der Telefonzelle und blickt in Richtung des Bürgersteigs. Passanten laufen an der Telefonzelle vorbei.	…you had accepted it. **S:** Naturally, this is part of the gag. The pizza bit. That was some…	Straßengeräusche; vorbeifahrendes Auto	--
4.	0:11:46 – 0:11:50 (4”)	AM	OS	S n u	Ein Straßenverkäufer richtet seinen Stand mit Spielzeug her. In seiner Hand hält er einen kleinen Roboter und stellt ihn auf den Boden zu den anderen.	…funny shit. **A:** Well, but its purpose was to keep your strength up for what's coming next.	Straßengeräusche; Spielzeugroboter	--
5.	0:11:50 – 0:11:58 (8“)	AM	AS	St	Stu steht nun fast außerhalb der Telefonzelle. Passanten laufen daran vorbei. Stu dreht sich leicht und steht nun ganz außerhalb der Telefonzelle.	**S:** What's coming next is I'm hanging up. **A:** Oh no, you won't. You're going to learn to obey me. **S:** Obey you?! Who is this?!	Straßengeräusche; vorbeifahrendes Auto	--
6.	0:11:58 – 0:12:00 (2“)	N	AH	St	Er wendet seinen Blick fragend in Richtung des Bürgersteigs zum City Hotel.	**A:** Someone who enjoys watching you. **S:** Watching me?	Straßengeräusche	Schriller Ton setzt ein
7.	0:12:00 – 0:12:02 (2“)	AM	AH	St	Der Eingang zum City Hotel: Davor steht ein Mann mit einem grauen Anzug, neben ihm ein öffentliches Telefon und ein Sonnenschirm.	**A:** Yes, I love the suit you're wearing today…	s.o.	Der Ton hält an
8.	0:12:02 – 0:12:04 (2”)	N	AH	St	Stu dreht seinen Blick suchend in Richtung der gegenüberliegenden	…The black on raspberry sorbet. Very Italian.	s.o.	s.o.

					Straßenseite.			
9.	0:12:04 – 0:12:06 (2")	T	AH	St	Der Strip-Club auf der anderen Straßenseite: Davor sitzt der Zuhälter Leon und telefoniert. Auf der Straße herrscht reger Verkehr. Leon hält eine vorbeikommende Frau an.	**S:** Where…?...	Straßengeräusche; vorbeifahrendes Auto	Erneut einsetzender Ton wie oben
10.	0:12:06 – 0:12:12 (6")	HT	Starke AS/VP	St	Stu steht außerhalb der Telefonzelle und telefoniert. Dann blickt er nach oben.	…Where are you? **A:** There are hundreds of windows out there. Why don't you check them out? **S:** Yeah?	Straßengeräusche	Der Ton hält an
11.	0:12:12 – 0:12:13 (1")	W	US	S n u	Die Fensterfront der gegenüberliegenden Straßenseite.	--	s.o.	Eine Melodie entwickelt sich, hell, langsam, bedrohlich.
12.	0:12:13 – 0:12:15 (2")	HT	Starke AS/VP	St	Stu dreht sich suchend in die andere Richtung und blickt hoch zu den Fenstern auf der gegenüberliegenden Straßenseite.	--	s.o.	s.o.
13.	0:12:15 – 0:12:16 (1")	W	US	Schneller RS, dann S n u	Die Fensterfront gegenüber.	**S:** So, what am I doing now?	s.o.	s.o.
14.	0:12:15 – 0:12:21 (6")	W	Starke AS/VP	St	Der Bürgersteig und die Telefonzelle von oben: Stu steht außerhalb und kratzt seinen Kopf, dann streicht er durch sein Haar. Passanten laufen vorbei. Hinter ihm hängt ein großes Werbeplakat in einem Schaufenster mit	**A:** You're scratching your head. Now you're brushing your hair back.	s.o.	s.o.

					der Aufschrift *Who do you think you are?*			
15.	0:12:21 – 0:12:23 (2”)	AM	Starke AS/VP	St	Stu zeigt den Mittelfinger in die Höhe und blickt nach oben.	--	s.o.	s.o.
16.	0:12:23 – 0:12:28 (5”)	G	AH	St	Er blickt mit erhobenem Mittelfinger nach oben. Sein Blick ist triumphierend. Dann erstarrt seine Miene.	**A:** That’s not very nice, Stu. **S:** Did you call me Stu?...	s.o.	Ein dumpfer bassartiger Ton, die Musik klingt aus.
17.	0:12:28 – 0:12:38 (10”)	N	AH	St	Stu blickt auf die gegenüberliegende Straße ins Leere. Dann wendet er den Blick ab. Er dreht seinen Oberkörper erneut und blickt suchend in Richtung der Fenster auf der gegenüberliegenden Straßenseite.	…Who’s Stu? I don’t know any Stu. **A:** Why, do you prefer Stuart? **S:** Look, a lot of people in this neighborhood know who I am. **A:** Stuart Shepard, 1326 West 51st Street, third floor, front.	s.o.	Der Bass klingt leise weiter, dann kommt die Melodie von oben hinzu.
18.	0:12:38 – 0:12:45 (7”)	G	AH	HK r l	Stu steht in der Telefonzelle. Sein Gesichtsausdruck wird immer ernster.	**S:** Go mind-fuck some other guy, pal. **A:** I know Pamela McFadden, too. It’s not in your best interest to disconnect me…	s.o.	die Musik klingt aus.
19.	0:12:45 – 0:13:03 (17”)	AM	Leichte OS	St	Vor und hinter der Telefonzelle laufen Passanten, auf der Straße fahren ein Fahrrad und ein Taxi vorbei. Stu dreht seinen Oberkörper nervös beim Sprechen und zieht die Tür der Telefonzelle zu.	**…**Someone could get hurt. Ah, what’s the matter, Stu? **S:** Listen, if you’re some fucked-up, failed actor I wouldn’t handle or some prick intern I fired, I will hunt you down and I will crush you. You will never work in this town. All right? Trust me, I can turn people into gods and I can turn	Zugezogene Tür der Telefonzelle; Straßengeräusche; vorbeifahrendes Fahrrad und Auto	

						you into a total fucking loser if you weren't one already…		
20.	0:13:03 – 0:13:12 (9")	G	AH	St	Stu wirkt wieder gefasst. Er dreht den Kopf. Sein Gesichtsausdruck ist triumphierend. Dann blickt er erneut nach oben.	…Do you hear me? Am I upsetting you? Hello? Oh, you think I'm gonna, what? Pay you off or something? Tell me what you want. **A:** Now you want…	Straßengeräusche	--
21.	0:13:12 – 0:13:14 (2")	W	US	Schneller RZ	Die Hausfassade des gegenüberliegenden Gebäudes.	…to talk to me. **S:** Did Adam at my office put you up to this?	s.o.	Schriller Ton setzt ein.
22.	0:13:14 – 0:13:27 (9")	AM	AH	St	Stu steht in der Telefonzelle. Als der anonyme Anrufer auflegt, drückt auch Stu die Aufleg-Taste.	**A:** No, I thought this up all by myself. **S:** Keep thinking. I'm hanging up. **A:** I'll say hi to your wife, Kelly, for you. Talk to you later. **S:** What the…?	s.o. Piepton; Telefontaste	Bass im Hintergrund wird langsam lauter
23.	0:13:27 – 0:13:28 (1")	D	Schräge AS	St	Stu wählt die Rückwahltasten **69*.	--	Klicken der Telefontasten	s.o.
24.	0:13:28 – 0:13:32 (4")	G	AH	St	Er blickt fragend um sich, dann legt er auf. Sein Blick geht suchend in die Höhe.	**Computerstimme:** The callback feature cannot be activated.	Verbindungssignal im Telefon; Hörer, der auf die Gabel knallt.	Plötzlicher Ton als Akzentuierung des aufgelegten Hörers
25.	0:13:32 – 0:13:35 (3")	N	AS	St	Stu öffnet die Tür der Telefonzelle und tritt mit erhobenem Blick hinaus.	**S:** Motherfucker!	Tür der Telefonzelle; Straßengeräusche	Einsetzender dumpfer Bass
26.	0:13:35 – 0:13:39 (4")	W	US	LS, S n o	Die Häuserfassaden der Gebäude rechts und links von der Straße.	--	Straßengeräusche	Lauter werdende Melodie

FILM- UND MEDIENWISSENSCHAFT

Herausgegeben von Irmbert Schenk und Hans Jürgen Wulff

ISSN 1866-3397

1 *Oliver Schmidt*
Leben in gestörten Welten
Der filmische Raum in David Lynchs *Eraserhead*, *Blue Velvet*, *Lost Highway* und *Inland Empire*
ISBN 978-3-89821-806-1

2 *Indra Runge*
Zeit im Rückwärtsschritt
Über das Stilmittel der chronologischen Inversion in *Memento*, *Irréversible* und *5 x 2*
ISBN 978-3-89821-840-5

3 *Alina Singer*
Wer bin ich? Personale Identität im Film
Eine philosophische Betrachtung von *Face/Off*, *Memento* und *Fight Club*
ISBN 978-3-89821-866-5

4 *Florian Scheibe*
Die Filme von Jean Vigo
Sphären des Spiels und des Spielerischen
ISBN 978-3-89821-916-7

5 *Anna Praßler*
Narration im neueren Hollywoodfilm
Die Entwürfe des Körperlichen, Räumlichen und Zeitlichen in *Magnolia*, *21 Grams* und *Solaris*
ISBN 978-3-89821-943-3

6 *Evelyn Echle*
Danse Macabre im Kino
Die Figur des personifizierten Todes als filmische Allegorie
ISBN 978-3-89821-939-6

7 *Miriam Grossmann*
Soziale Figurationen und Selbstentwürfe
Schauspieler und Figureninszenierung in Eric Rohmers *Pauline am Strand*, *Vollmondnächte* und *Das grüne Leuchten*
ISBN 978-3-89821-944-0

8 *Peter Klimczak*
40 Jahre ‚Planet der Affen'
Zeitgeist- und Reihenkompatibilität – über Erfolg und Misserfolg von Adaptionen
ISBN 978-3-89821-977-8

9 *Ingo Lehmann*
Ziellose Bewegungen und mediale Selbstauflösung
Das absurde «Genrefilm-Theater» Monte Hellmans
ISBN 978-3-89821-917-4

10 *Gerd Naumann*
Der Filmkomponist Peter Thomas
Von Edgar Wallace und Jerry Cotton zur Raumpatrouille Orion
ISBN 978-3-8382-0003-3

11 *Anja-Magali Bitter*
Die Inszenierung des Realen
Entwicklung und Perzeption des neueren französischen Dokumentarfilms
ISBN 978-3-8382-0066-8

12 *Martin Hennig*
Warum die Welt Superman nicht braucht
Die Konzeption des Superhelden und ihre Funktion für den Gesellschaftsentwurf in US-amerikanischen Filmproduktionen
ISBN 978-3-8382-0046-0

13 *Esther Lulaj*
Nimm (nicht) ab!
Zur Funktion des Telefons im Spielfilm – Von Metropolis bis Matrix
ISBN 978-3-8382-0125-2

In Vorbereitung:

Tobias Sunderdiek
"The Wonderful Wizard of Oz" – Verfilmungen eines Kinderbuchklassikers
ISBN 978-3-89821-960-0

Abonnement

Hiermit abonniere ich die Reihe **Film- und Medienwissenschaft (ISSN 1866-3397)**, herausgegeben von Irmbert Schenk und Hans Jürgen Wulff,

❒ ab Band # 1

❒ ab Band # ___

❒ Außerdem bestelle ich folgende der bereits erschienenen Bände:

#___, ___, ___, ___, ___, ___, ___, ___, ___, ___, ___, ___

❒ ab der nächsten Neuerscheinung

❒ Außerdem bestelle ich folgende der bereits erschienenen Bände:

#___, ___, ___, ___, ___, ___, ___, ___, ___, ___, ___, ___

❒ 1 Ausgabe pro Band ODER ❒ ___ Ausgaben pro Band

Bitte senden Sie meine Bücher zur versandkostenfreien Lieferung innerhalb Deutschlands an folgende Anschrift:

Vorname, Name: ______________________________

Straße, Hausnr.: ______________________________

PLZ, Ort: ______________________________

Tel. (für Rückfragen): ______________ *Datum, Unterschrift:* ______________

Zahlungsart

❒ *ich möchte per Rechnung zahlen*

❒ *ich möchte per Lastschrift zahlen*

bei Zahlung per Lastschrift bitte ausfüllen:

Kontoinhaber: ______________________________

Kreditinstitut: ______________________________

Kontonummer: ______________ Bankleitzahl: ______________

Hiermit ermächtige ich jederzeit widerruflich den *ibidem*-Verlag, die fälligen Zahlungen für mein Abonnement der Reihe **Film- und Medienwissenschaft** von meinem oben genannten Konto per Lastschrift abzubuchen.

Datum, Unterschrift: ______________________________

Abonnementformular entweder **per Fax** senden an: **0511 / 262 2201** oder 0711 / 800 1889 oder als **Brief** an: *ibidem*-Verlag, Julius-Leber Weg 11, 30457 Hannover oder als **e-mail** an: **ibidem@ibidem-verlag.de**

***ibidem*-Verlag**
Melchiorstr. 15
D-70439 Stuttgart
info@ibidem-verlag.de

www.ibidem-verlag.de
www.ibidem.eu
www.edition-noema.de
www.autorenbetreuung.de

Zeitfracht Medien GmbH
Ferdinand-Jühlke-Straße 7
99095 Erfurt, Deutschland
produktsicherheit@kolibri360.de